Cours de Haute Magie

Sainte Philomène

Docteur Fernand Rozier

Cours de Haute Magie

Publié pour la première fois avec une présentation
de Serge Caillet

Le Mercure Dauphinois

8, rue d'Alsace 38000 Grenoble – France
Tél/Fax 04 76 47 36 06
E-mail genevieve.dubois@ wanadoo

ISBN : 2-913826-14-8

Fernand Rozier, témoin de l'Invisible[1]

Hommage

« *Les Louis Lucas, les Desbarolles, les Henri Delaage, les Rozier valent que soit saluée leur mémoire*[2]. » Victor-Émile Michelet, portraitiste des *Compagnons de la Hiérophanie*, dont il fut, a eu raison de rappeler cette évidence. À ces cherchants, et à beaucoup d'autres, plus ou moins oubliés, plus ou moins com-

1. Annonçant le volume à paraître, une première version de cette introduction a été publiée sous le même titre dans *L'Initiation*, n° 2, avril-juin 2000, pp. 94-104. Nous la reprenons ici avec l'autorisation de son rédacteur en chef, Yves-Fred Boisset.

2. Victor-Émile Michelet, *Les Compagnons de la Hiérophanie. Souvenirs du mouvement hermétiste à la fin du XIXe siècle*, Paris, Dorbon, 1937 ; nouv. éd. en fac-similé, Nice, Bélisane, 1977, p. 133. Une notule sur les trois autres personnages cités par Michelet ne sera sans doute point inutile. L'œuvre de Louis Lucas (Condé-sur-Noireau, 25 mars 1816 – Paris, 9 janvier 1863), biologiste en quête de l'unité des forces physiques, a influencé le jeune Papus qui lui a reconnu sa dette (Papus, « Un savant méconnu : Louis Lucas », *L'Initiation*, avril 1894, pp.1-3). Adolphe Desbarolles (22 août 1801 – 13 février 1886), élève d'Éliphas Lévi, peintre talentueux, auteur d'un traité de chiromancie intitulé *Les mystères de la main* (1859), passe pour l'initiateur en martinisme (mais en quel sens ?) d'Amélie de Boisse-Mortemart, dans la « filiation martiniste » d'Augustin Chaboseau. Quant à Henri Delaage (1825-1882), auteur d'ouvrages sur le magnétisme, il s'inscrit lui aussi dans la filiation martiniste (en quel sens là encore ?) du jeune Gérard Encausse, en 1882.

pris, nous sommes en effet redevables, et c'est justice de leur rendre hommage. C'est justice de saisir ici l'occasion propice à saluer particulièrement la mémoire du Dr Fernand Rozier, témoin de l'invisible, répétiteur de l'ésotérisme occidental, qui a consacré une grande part de sa vie et de son œuvre aux relations de l'homme avec les autres mondes et avec les peuples de l'invisible, dont voici enfin l'édition du magistral *Cours de haute magie.*

Gilbert Louis *Fernand* Rozier naît à Ebreuil, près de Gannat, dans l'Allier, le 5 juillet 1839, d'un père notaire du lieu. Venu à Paris à l'âge de 15 ans, il entre au lycée Charlemagne, où il obtient ses baccalauréats ès sciences et ès lettres, suivis d'une licence ès sciences et d'un diplôme de pharmacien. En 1870, il obtient son doctorat en médecine, et un doctorat ès sciences physiques, en 1871. En 1873, l'astronome Urbain Le Verrier, directeur de l'Observatoire de Paris, qui avait découvert la planète Neptune en 1846, le prend pour secrétaire. Mais il préfère vite répondre à l'appel du large : il exercera pendant sept ans, comme médecin de bord de la Compagnie transatlantique. À son retour, il pratique la médecine à Paris.

Parallèlement à une carrière scientifique des plus sérieuses, Fernand Rozier étudie d'autres sciences qui ne le sont pas moins, quoiqu'elles soient réputées occultes. Dès son adolescence, vers 1856, il rencontre Éliphas Lévi, dont il devient l'un des rares disciples : de 1859 à 1870, le maître l'enseigne. Pourtant, une séparation suivra, puisque selon Paul Chacornac, Rozier n'apprendra que par un faire-part la mort de son premier maître, en 1875[3].

3. Paul Chacornac, *Éliphas Lévi, rénovateur de l'occultisme en France (1810-1875),* Paris, Chacornac frères, 1926 ; nouv. éd., Paris, Éditions traditionnelles, 1989, p.181.

À la Belle Époque, le temps venu de réinventer l'occultisme, Rozier participe tout naturellement à cette renaissance. Vers 1885, il fait la connaissance de Papus, dont il devient bien vite l'ami, avant d'entrer dans le petit groupe de compagnons de la première heure qui prend corps autour du jeune carabin. Parmi ces jeunes gens de moins de trente ans pour la plupart, Rozier, qui a alors le double de leur âge, fait figure d'ancien, aux côtés de François-Charles Barlet. Bien des années plus tard, un vieux compagnon se souviendra : « *Il habitait à ce moment rue du Petit-Pont, au n° 10. Chez lui se réunissait l'élite des collaborateurs de* L'Initiation *et du* Voile d'Isis. *Le Dr Rozier avait même installé un laboratoire où se firent quelques expériences très curieuses*[4]. »

Après avoir collaboré en 1900 à l'ouvrage collectif *Sciences maudites*, par une contribution sur « la magie et la sorcellerie », qui relate notamment une expérience d'alchimie qu'il avait réalisée avec Éliphas Lévi en 1859 ou 1860[5], Fernand Rozier publie, en 1901, *La malédiction et l'envoûtement*[6], et en 1903, *Étude sur la prière. Le plan astral. Génies élémentals*[7], suivi de *Les puissances invisibles. Les dieux, les anges, les saints, les égrégores. Sainte Philomène*[8], en 1907, qui n'est pas sans rappeler certains passages de notre cours ; et *Les inondations en 1910 et les prophéties. Théorie des prophéties*[9], en 1910.

4. « Fernand Rozier », *Le Voile d'Isis*, juin 1922, p. 27.

5. Volume compilé par François Jollivet-Castelot, Paul Ferniot et Paul Redonnel, Paris, La Maison d'Art, 1900 ; nouv. éd., Paris, Diffusion traditionnelle, 1993.

6. Paris. Cf. A. L. Caillet, *Manuel bibliographique des sciences psychiques ou occultes*, Paris, Dorbon, 1912, n° 9696, tome III, p. 444.

7. Paris. Cf. Caillet, *op. cit.*, n° 9697.

8. Paris. C. Chaumont, 1907 ; nouv. éd., Paris, Le Monde inconnu. La première partie du livre avait été publiée dans *L'Initiation*, sous le titre « Les puissances invisibles. »

9. Paris, Chacornac, 1910.

Des articles sous sa plume sont à rechercher dans plusieurs périodiques, dont inévitablement, *L'Initiation*[10] et *Le Voile d'Isis*, de Papus, *L'Écho du merveilleux*, de Gaston Méry, *Rosa alchemica*, de l'hyperchimiste Jollivet-Castelot, et même *La Revue du monde invisible* de Mgr Elie Méric, métapsychiste et démonologue catholique romain.

Conscient de sa mission, Fernand Rozier a beaucoup enseigné, dans des causeries publiques, à la Société des conférences spiritualistes, que *L'Initiation* reproduisit parfois, ou auprès d'un auditoire plus restreint, et même d'un cercle d'intimes, de ses élèves de l'École des sciences hermétiques, aux environs de 1905, enfin de ses frères de la Fraternité de sainte Philomène.

Un collaborateur du *Voile d'Isis* se souvient : « *Le Dr Rozier habitait rue de Buci, n° 12. Là, dans la grande salle du second,*

---

10. Ces articles ont été principalement insérés dans la partie « philosophique et scientifique » ou dans la partie « initiatique » de la revue. La fraternelle obligeance de Jean Pététin, à qui va ma gratitude, m'a permis d'en dresser la liste que voici : « Le miracle », vol. 34, pp. 230-243 ; « Considérations sur les magnétomètres », vol. 34, pp. 265-268 ; « Le Saint-Esprit », vol. 35, pp. 105-125 ; « Les catastrophes et le sacrifice. Vie de sainte Christine l'Admirable », vol. 37, pp. 138-199 ; « Médecine mystique », vol. 38, pp. 101-106 ; « Galvanomètre et force psychique », vol. 39, pp. 111-120 ; « Calculs », vol. 40, pp. 141-156 et pp. 283-284 ; « Les prophéties et le libre-arbitre », vol. 41, pp. 109-155 ; « L'idolâtrie » (Conférence faite à la Société des conférences spiritualistes, le 28 juillet 1899), vol. 45, pp. 102-156 ; « Les aspects de Satan », vol. 49, pp. 130-147 ; « La malédiction », vol. 53, pp. 59-80 ; «La souffrance. Conférence faite à la Société des conférences spiritualistes, le 22 novembre 1901», vol. 54, pp. 247-268 ; « Occultisme et religion (conférence faite à la Société des conférences spiritualistes, le 27 novembre 1902 », vol. 58, pp. 62-81 ; « Le plan physique », vol. 58, pp. 215-228 ; « Étude sur la prière », vol. 59, pp. 14-32 ; « Les puissances invisibles », vol. 77, pp. 40-51, pp. 112-132, pp. 240-244 et vol. 78, pp. 19-43.

venait, chaque dimanche et mercredi après-midi, un grand nonbre de personnes écouter les leçons de celui qui était le digne successeur d'Éliphas Lévi[11]. »

La tâche de cet éternel étudiant de l'occulte était de transmettre au mieux l'enseignement qu'il avait lui-même reçu, découvert, expérimenté : « *Tandis qu'on nous accuse de mettre ce que nous croyons être la vérité sous le boisseau, nous faisons juste le contraire : nous étudions les choses cachées pour les faire connaître au monde. Les choses cachées sont ce que nous appelons aussi l'invisible*[12]. »

Qu'importent, pour nous qui, pour beaucoup grâce à Papus et à ses compagnons, voyons plus clair aujourd'hui, qu'importent les quelques faiblesses de l'enseignement du Dr Rozier ! Celles-ci sont en gros celles de l'occultisme renaissant, dans la mouvance de Papus et de son Ordre martiniste, de Guaita, de Péladan et de Barlet, sans négliger l'influence de l'ancêtre Éliphas Lévi, dont Rozier sera l'un des relais avec les occultistes de la Belle Époque, ni de celle d'Héléna Pétrovna Blavatsky et de sa Société théosophique, dont on connaît l'ascendant direct sur les jeunes chefs de file du mouvement occultiste.

Au nombre de ces faiblesses, ne faut-il pas compter la doctrine de la réincarnation ? Sous l'influence des théosophes du clan de Mme Blavastky, et des spirites de l'école d'Allan Kardec, qu'ils rejoignent en l'espèce, et en dépit de variantes mineures, nos occultistes furent très généralement réincarnationistes. Ils se séparèrent en cela, souvent d'ailleurs sans le savoir, de presque tous les grands anciens dont ils se réclamaient : Jacob Boehme, Martines de Pasqually et Louis-Claude de Saint-Martin en tête. Exceptions notables cependant, au siècle des lumières : l'École du Nord avec sa doctrine de la rotation

11. « Fernand Rozier », *Le Voile d'Isis*, juin 1922, p. 27.
12. « Occultisme et religion », *L'Initiation*, art. cit., p. 70.

des âmes, et certains illuminés d'Avignon. Dans son petit livre sur *La Réincarnation*, en 1912, Papus consacre tout un passage à « réincarnation et chrétienté », où il cite longuement son confrère es sciences sacrées[13]. Paul Sédir et Marc Haven, pourtant fidèles à la lettre de l'Évangile, tiennent le même langage, dans la lignée de leur maître commun, dont l'influence sera considérable : Nizier Philippe, l'ami de Dieu, mort en 1905, l'année même où sera donné à l'École hermétique le cours de haute magie du Dr Rozier. À la même époque, Franz Hartmann, théosophe et rosicrucien allemand, adopte lui aussi la réincarnation qu'il croit bien à tort déceler chez les frères de la *Fama fraternitatis* de 1614. Rudolf Steiner, théosophe chrétien de désir, Max Heindel, que certains frères aînés de la rose-croix auraient mandaté pour répandre l'antique doctrine, ne disent pas autre chose. Seul ou presque en ce temps-là, René Guénon tient bon pour nier toute réalité à cette doctrine, *dont les héritages psychiques suffiraient*, écrit-il, *à expliquer des phénomènes qu'on y rapporte.*

Mais combien de vérités, combien de lumières, compensent cependant chez le bon Fernand Rozier quelques faiblesses du moment !

L'occultisme chrétien

Comme bien d'autres en son temps, Rozier se situe volontairement en dehors des églises établies, et particulièrement de l'institution catholique romaine, envers les représentants de laquelle il ne ménage pas ses critiques, sans en rejeter toujours l'enseignement, quitte à l'adapter, à l'expliquer croit-il, et il

13. Papus, *La réincarnation*, Paris, Dorbon, 1912 ; nouv. éd., Dangles, Saint-Jean de Braye, 1982, pp. 109-110.

advient en effet qu'il y parvienne. Sa cible favorite : les théologiens, c'est-à-dire les théologiens catholiques romains - car à l'instar de ses confrères ès sciences sacrées, il ne semble guère en avoir fréquenté d'autres - qu'il croit assez ignorants des réalités spirituelles.

Loin de Rome et de ses ministres, Fernand Rozier se sait fidèle au Christ et à l'Évangile. Car, même si sa propre théologie ne culmine pas toujours en théosophie, ce piètre théologien est un vrai mage, d'une magie toute naturelle et toute pure, qui mérite toujours la meilleure attention, dans un domaine ou prolifèrent aujourd'hui plus que jamais les sots et les escrocs, plus encore que les magiciens aux orientations douteuses. Son regard, Rozier, qui se veut occultiste chrétien, sa seule école dit-il, le fixe sur le Seigneur, et sa « haute magie » aide à accéder à la magie divine.

En marge des sociétés mystériques dirigées par ses amis, Fernand Rozier eut l'âme d'un mystique : « *Il peut y avoir* - écrit-il en 1902 - *des groupes qui aient la prétention de conférer certaines initiations ; pour mon compte, je ne connais qu'une seule initiation, et aucun homme n'est capable de la transmettre, c'est l'initiation mystique, celle dans laquelle nous recevons tout de Dieu et non pas des hommes*[14]. »

Parce qu'il avait fait l'objet d'attaques de certains clercs catholiques romains, en 1902, Fernand Rozier a éprouvé le besoin de s'expliquer sur son école, en une page si belle et si vraie qu'il eut été dommage de s'en priver. La voici :

« *Il est, du reste, convenable que je vous dise à quelle école j'appartiens. Je dirais volontiers que j'appartiens à ma propre école, mais je préfère prendre un titre qui étonnera beaucoup de théologiens, qui ne se doutent pas du tout qu'en tirant sur nous ils tirent sur leurs propres troupes ; j'intitule mon école*

14. « Occultisme et religion », art. cit., p. 69.

l'Occultisme chrétien. Ces deux mots paraissent hurler de se trouver ensemble, et cependant rien n'est plus vrai [...]

Dans tout ce qui constitue la matière de mon enseignement, il y a des choses que tous les prêtres acceptent sans difficulté, mais il y en d'autres qu'ils croient devoir refuser; cependant je prétends rester dans une parfaite orthodoxie [...]

Je suis chrétien parce que je crois complètement à l'enseignement chrétien, et je suis occultiste parce que, au lieu de me contenter de pratiquer ma religion, je l'étudie jusque dans ses mystères les plus cachés et je cherche à expliquer ce que les prêtres font et ne comprennent pas. J'étudie l'invisible tel qu'il se présente à moi sans me préoccuper d'autre chose que ce que je vois, tout comme je le fais en étudiant la physique ou la chimie [...] *Enfin je suis occultiste chrétien parce que j'ai beaucoup étudié, j'ai comparé les diverses initiations les unes avec les autres, et j'ai acquis la certitude que toute la vérité se trouve dans la doctrine chrétienne et qu'il n'y a que dans cette doctrine qu'elle se trouve en entier, sans mélange d'erreur.*

Je sais bien que ce que je dis là est bien gros et que j'aurai de la peine à vous le faire accepter, du moins à quelques-uns d'entre vous. Mais, si vous voulez bien tenir compte de ce fait important: que ce que j'appelle la doctrine chrétienne provient exclusivement de l'enseignement du Christ, vous me croirez peut-être plus facilement.

Est-ce à dire pour cela que toutes les autres religions ne soient qu'un tissu d'erreurs? C'est bien là ce que disent certains fanatiques, mais cela n'est pas vrai. Bien plus, je prétends qu'il est impossible de comprendre complètement le Christianisme si l'on ne connaît pas les autres religions. Le Paganisme, le Masdéisme, l'Hindouisme sont des clefs précieuses; il n'y a pas jusqu'aux religions rudimentaires et fétichistes des peuples à civilisations inférieures qui ne jettent un jour appréciable sur le Christianisme, envisagé de telle sorte qu'on puisse l'appeler la Religion, sans phrases, la Religion universelle[15]. »

Et d'ajouter à l'endroit de ses contradicteurs : « *Un jour viendra que nos adversaires nous connaîtront mieux et regretteront amèrement la guerre qu'ils nous aurons faite ; ils comprendront alors quels auxiliaires précieux nous sommes pour eux ou, pour mieux dire, pour la Religion.*

Nous étudions les choses cachées et ils nous accusent de cacher nos études. Nous vulgarisons la connaissance des pièges occultes pour mettre le public en garde contre des dangers réels, et ils nous accusent de tendre nous-mêmes ces pièges. Nous ramenons les hommes à Dieu en montrant ses œuvres jusque dans les choses cachées, et ils nous accusent de limiter les pouvoirs de Dieu et même de le nier[16]. »

«*Il n'y a donc pas d'antagonisme* - conclut encore Rozier - *entre la religion et l'occultisme, bien au contraire l'une complète l'autre. Et, comme je ne trouve de sécurité que dans le Christianisme, comme je ne trouve la vérité complète que dans les* logia *du Christ, l'occultisme que j'enseigne est l'occultisme chrétien.*

Les libres penseurs, les hommes qui appartiennent à n'importe quelle religion peuvent suivre mes cours, je ne choquerai jamais aucune conviction parce que je les estime toutes, pourvu qu'elles soient sincères ; je dirai plus, je les aime, car la Vérité, tout en étant une, a plusieurs aspects, et je puis dire que j'aime passionnément la Vérité et que je suis fanatique de Liberté. Les chrétiens aussi peuvent venir sans crainte, car c'est leur cause

15. « Occultisme et religion », art. cit., pp. 72-74.
16. *Idem*, pp. 76-77.

que je défends. J'aime le Christ par-dessus tout et j'ai voué le peu de temps qu'il me reste à vivre à le faire connaître et, par conséquent, à le faire aimer; car, quand on le connaît, on l'aime[17]. »

Le sanctuaire de sainte Philomène

Fidèle à sa vocation qui était de ramener les hommes à Dieu par le moyen de l'occultisme qui se perfectionne en religion, Fernand Rozier, amant de la vérité, a arpenté l'autre monde. À l'en croire, c'est avant tout l'hérédité qui expliquerait chez lui une prédisposition naturelle à côtoyer l'invisible: « *Ma grand'mère maternelle, ma mère, quelques autres parents aussi, avaient des visions et ont fait des prédictions. Ma mère a prédit l'époque de sa mort et le lieu où elle serait enterrée, plusieurs années à l'avance. L'hérédité s'est transmise jusqu'à ma fille, qui a aussi annoncé sa mort prochaine, alors qu'elle était en pleine santé...* [18] »

Cette perception particulière de l'autre monde permettra à Fernand Rozier de prédire les inondations parisiennes de 1910. Et elle lui avait fait faire dès l'enfance une rencontre bien insolite:

«*Dès mon enfance* - écrit-il -, *j'ai senti la présence de Dieu; je l'ai aimé et j'ai aspiré à lui*[19]. » Ne doutons pas de cette confession, ni de la suivante: « *J'ai senti toute ma vie le besoin d'aimer et d'être aimé*[20]. » L'aveu est de 1907, à l'âge de soixante-huit ans. Au seuil de la vieillesse, l'homme se souvient, ému, de l'enfant qu'il était: *« Je n'ai jamais connu les caresses des parents, ces caresses qui font tant de bien aux*

17. *Idem*, p. 81.
18. *Les puissances invisibles...*, *op. cit.* pp. 106-107.
19. *Idem*, p. 107.
20. *Idem.*

enfants. » « *Mais* - ajoute-t-il aussitôt - *quelqu'un m'a donné des consolations, m'a cajolé et à empêché mon cœur de se dessécher. Je voyais quelquefois, trop rarement à mon gré, une jeune personne fort belle, qui me prenait par la main, en me souriant ; quelquefois, elle s'asseyait auprès de moi, me prenait sur ses genoux, me berçait, et j'étais heureux. Je ne savais pas qui elle était, et je ne m'en préoccupais pas. Ce n'est que bien plus tard que j'ai su que cette protectrice était sainte Philomène*[21]. »

Car l'histoire singulière du Dr Rozier se s'arrête pas là : « *À partir du moment où elle m'a eu attiré dans son sanctuaire, les miracles, ou du moins ce qu'on appelle de ce nom, se sont succédés sans interruption. Ce sanctuaire est devenu un centre de forces d'une grande puissance. Il y a eu un grand nombre de guérisons, dont beaucoup dans des cas désespérés. Sainte Philomène a puissamment aidé la plupart de mes élèves, tout aussi bien pour des intérêts temporels que pour des besoins spirituels*[22]. » Et d'en appeler au témoignage de ses étudiants : « [...] *Parmi mes auditeurs, il y en a qui me connaissent depuis longtemps ; ce sont mes élèves et mes amis ; il n'y en a pas un qui n'ait reçu quelque faveur, spirituelle ou temporelle, de sainte Philomène ; il n'y en a pas un qui n'ait eu des preuves de la vérité de tout ce que je vous enseigne*[23]. » Au vrai, depuis 1900, Fernand Rozier se sait mandaté par l'invisible pour constituer avec eux, sur le plan terrestre, une nouvelle fraternité.

Et de nous expliquer la théorie générale : « *Quand une puissance invisible veut agir sur la terre, elle suscite un ou des hommes pour lui servir de base d'opérations.* [...] *L'homme choisi fournit la force éthérique et exécute les ordres que les esprits lui donnent. Les hommes qui sont adjoints fournissent de*

21. *Idem.*
22. *Idem*, pp. 107-108.
23. *Idem*, p. 108.

la force éthérique seulement. Quelquefois, ils sont aussi employés pour quelques démarches sur le plan physique, mais rarement, parce que il est déjà difficile de trouver un homme dont le dévouement et l'abnégation soient complets ; il est bien plus difficile d'en trouver plusieurs. En retour de la force éthérique qu'ils fournissent, les membres de la Fraternité reçoivent quelques avantages qui varient avec le genre d'esprits auxquels ils obéissent[24]. »

Le 13 avril 1900, sur ordre de sa protectrice, Rozier fonde donc une société qui ne s'apparente que très peu aux cercles initiatiques de son temps, d'autant qu'elle est placée sous de singulières auspices : *La Fraternité de sainte Philomène*, dont, sur son ordre encore, il révèle l'existence, au cour d'une conférence, aux Sociétés savantes, un mois plus tard, le 25 mai. Des articles y seront consacrés, sous sa plume, dans *L'Initiation* et *l'Écho du merveilleux* et le siège de ce sanctuaire sera fixé à Paris, 13, rue de Buci.

Qu'est-ce que «La Fraternité de sainte Philomène ?» « *Cette Fraternité n'est pas une société secrète ; elle n'a pas de statuts ; elle ne comporte aucun serment. C'est une société dont le siège est dans l'invisible, et dans laquelle sainte Philomène choisit elle-même les membres. Ceux qui ont toute confiance en elle ont beaucoup de chance pour y être admis.*

Le but de cette Fraternité est de constituer la partie humaine d'un égrégore dont sainte Philomène est l'âme [...] *Pour atteindre ce but, deux ou trois membres suffiraient à la rigueur ; mais de 1900 à 1903 il a été créé un noyau qui forme une excellente base d'opérations. Depuis 1903 jusqu'à aujourd'hui* [1907], *les membres se sont continuellement accrus et, depuis quelque temps, nous disposons d'une force considérable, et nous en avions besoin*[25]. »

---

24. *Idem*, p. 110.
25. *Idem*, pp. 108-109.

La haute magie en 1900

Pour Fernand Rozier, la magie est « *la science qui permet à l'homme de commander, non pas à l'Invisible, mais à certains êtres de l'Invisible, pour obtenir des résultats que les sciences ordinaires sont incapables de procurer*[26]. » Encore faut-il distinguer le mage du magicien. Comment devient-on mage? Joséphin Péladan, coincé entre un catholicisme romain amputé de sa source vive, un néo-templarisme littéraire, et un néo-rosicrucianisme esthétique, avait tenté de répondre à sa façon, au moment où Stanislas de Guaita, dans son château d'Alteville, redécouvrait les grands anciens dont il traquait les œuvres rares, et réinventait la kabbale chrétienne.

Mais, « *tandis que le magicien commande aux puissances de l'astral, et agit sous sa responsabilité, sans autre guide que sa science et sa conscience, le mystique ne se préoccupe que des puissances célestes auxquelles, naturellement, il ne commande pas, mais qu'il prie et dont il obtient les choses les plus merveilleuses* [...] *Quand un magicien, digne de ce nom, devient un mystique; quand il prie et soumet toujours ses œuvres à la direction des puissances célestes; quand il ne se considère que comme un serviteur de Dieu et ne veut disposer de sa science et de sa puissance que pour accomplir les ordres de Dieu, il est un mage*[27]. »

Bien sûr, les vrais mages sont forts rares. Du reste, la « haute magie » dont se réclame Fernand Rozier, n'est pas la magie énochienne de «l'Ordre hermétique de l'Aube dorée», fondé outre-Manche en 1888, où Papus sera admis comme néophyte en 1895 (mais il ne persévéra pas), moins encore la *Magia*

26. Fernand Rozier, « Magie et sorcellerie », *Le Voile d'Isis*, juin 1914, p. 324.

27. *Idem*, p. 337.

sexualis d'un Theodor Reuss ou d'un Aleister Crowley, et de leur *Ordo templi orientis*, dont Papus recevra une charte en 1908, dont il ne semble pas avoir fait usage, ni de la «H. B. of L.» de Peter Davidson que Papus considéra pourtant comme un maître es sciences secrètes.

En revanche, dans la lignée lointaine d'Henri Corneille Agrippa, Éliphas Lévi, dont le *Dogme et rituel de haute magie* avait été publié en 1856, eut sur Rozier de manière directe, et sur Papus à titre posthume, l'influence d'un premier maître. Magicien quand il publie, en 1893, son *Traité élémentaire de magie pratique*, Papus qui se réclame à bon droit de l'esprit du vieux Martines de Pasqually relayé par Saint-Martin sous le patronage posthume duquel il a fondé l'Ordre martiniste, Papus, à l'école du magnétisme spirituel de Monsieur Philippe, offre vers la fin de sa vie l'exemple parfait du mage.

Un cours à l'École hermétique

Ce cours de haute magie, selon l'inscription anonyme de la page de garde du manuscrit, fut donné en 1905 par Fernand Rozier à l'École des sciences hermétiques, où se produisaient avec lui ses confrères en hautes sciences : François-Charles Barlet, Serge Basset, Marc Haven, François Jollivet-Castelot, Victor-Émile Michelet, Paul Sédir, Papus lui-même, et quelques autres, tous occultistes très convaincus.

Le 7 février 1910, Rozier écrit en exergue de son opuscule sur *Les inondations* : « *On me reproche souvent de ne pas publier mes leçons ; la parole s'oublie vite, un livre reste et on peut y retrouver quand on veut les notions qu'on a oubliées* [...] *Aussitôt que j'en pourrai trouver le temps, je publierai le reste de mes leçons, mais il faut qu'on prenne patience car ma santé et mes occupations ne me laissent pas beaucoup de temps.*

Néanmoins, le manuscrit est commencé et, avec l'aide de Dieu, je pense pouvoir mener tout à bien[28]. ». À sa mort, en 1922, l'article nécrologique du *Voile d'Isis* évoque lui aussi cette œuvre inachevée : « *Il travaillait depuis longtemps à un grand ouvrage sur la Magie qui devait être le couronnement de sa carrière. Mais la mort a passé ! Espérons que ses nombreux amis feront tous leurs efforts pour que le fruit de ce travail voit le jour et que la mémoire du Dr Rozier soit honorée par les étudiants futurs*[29]. » En 1926, Paul Chacornac rappelle à son tour que « *sa famille a l'intention de faire paraître ses « cours » de près de vingt ans sur la haute Magie et l'interprétation de l'Évangile*[30] ». Pourtant, ces manuscrits commencés selon leur auteur en 1910, ou peut-être quelques années plus tôt, n'ont jamais été publiés. Il se pourrait qu'ils ne soient pas sans rapport avec notre *Cours* que voici pour sa part enfin tiré de sous le boisseau.

Après avoir fait partie des collections de Papus, ce manuscrit appartint en dernier lieu à son fils, le Dr Philippe Encausse (2 janvier 1906 - 22 juillet 1984), qui légua à la Bibliothèque municipale de Lyon, par testament olographe en date du 29 juin 1984, un choix d'ouvrages et de documents laissé à l'appréciation de Robert Amadou, exécuteur testamentaire du legs. Avec maintes autres pièces que celui-ci avait sélectionnées pour constituer ce dépôt, depuis 1986, notre manuscrit est conservé à Lyon, dans le legs Philippe Encausse, sous la cote provisoire E 12. La même année, après avoir signalé l'existence de cette

28. Fernand Rozier, *Les inondations en 1910...*, *op. cit.*, p. 3.

29. « Fernand Rozier », *Le Voile d'Isis*, art. cit., pp. 417-418.

30. Paul Chacornac, *Éliphas Lévi, rénovateur de l'occultisme en France (1810-1875)*, *op. cit.*, p. 178.

pièce « du plus grand intérêt »[31], Robert Amadou m'en confia l'édition, avec d'autres documents de la même origine [32]. Après avoir mené à bien l'édition des deux pièces qui intéressent *Monsieur Philippe, l'Ami de Dieu* [33], ce m'est un honneur et une joie d'offrir aux amateurs d'aujourd'hui, à près d'un siècle de distance, l'excellent *Cours de haute magie* du bon Dr Rozier.

Une fois de plus, ma gratitude va à M. Jean-Louis Rocher, conservateur en chef de la Bibliothèque municipale de Lyon, M. Guy Parguez, conservateur, ainsi qu'à Mme Claude Gleyse et à M. Pierre Guinard qui ont facilité mon travail au fonds ancien dont ils ont eu successivement la charge, et enfin et surtout à Robert Amadou, en communion spirituelle constante.

Le volume, d'une forte couverture brun-rouge, porte sur la tranche, en lettres majuscules dorées, l'inscription : « La HAUTE MAGIE ». Sur la première de couverture, se remarquent des traces de bougie fondue. La seconde de couverture porte trois inscriptions au crayon : dans l'angle gauche, en haut « rzzy/bes », à côté de cette inscription : « c. 33 », dans l'angle gauche, en bas « C 380 ». Les premiers feuillets ont été foliotés de I à IV par Mme Claude Gleyse, alors conservateur au fonds ancien de la BML, qui a donné au manuscrit le numéro d'inventaire E (pour Encausse) 12. Le feuillet I porte au recto, en haut, l'inscription suivante, au crayon : « *Copie du Cours de Haute Magie du Dr Rozier (École des Sciences hermétiques)/ Paris/1905/Table des matières à la fin du volume.* » Les folios I à IV sont vierges. Les autres feuillets sont écrits au recto seule-

---

31. « Le legs Philippe Encausse à la bibliothèque municipale de Lyon », *L'Initiation*, avril-juin 1986, p. 51 ; juillet-septembre 1986, p. 100.

32. Cf. ma note dans *L'Initiation*, octobre-décembre 1986, p. 190.

33. Paris, Dervy, 2000.

ment, et foliotés par le copiste. Tout le texte est écrit à la plume, à l'encre brune.

Le manuscrit n'est pas autographe, peut-être est-ce l'œuvre d'un élève. Une autre main, d'un lecteur ou d'un étudiant, a corrigé des fautes d'orthographe, souligné, voire biffé des mots et porté sur le texte original quelques annotations et griffonné quelques notes sur trois pages vierges du manuscrit. Si nous l'avons suivi dans la correction des fautes du copiste, nous n'avons reproduit ni les annotations ni les trois pages de notes.

Les mots soulignés par le copiste, à la plume, le plus souvent à l'aide d'une règle, ont été reproduits en italique. Maintes capitales initiales inutiles ont été supprimées. La ponctuation originale a généralement été maintenue, sauf pour corriger quelques omissions évidentes du copiste, ou l'adapter à l'usage moderne. Les nombres sont tantôt écrits en chiffres, tantôt en lettres. Nous les avons très généralement écrits en lettres. Le copiste ou l'auteur n'a pas toujours respecté dans le manuscrit le découpage en chapitres et sections de chapitres prévu par la table des matières. Celui-ci nous a cependant paru plus pertinent et nous l'avons respecté, y compris dans les titres de certaines sections de chapitres, plus complets ou plus explicites dans la table des matières, que nous avons donc très généralement suivie là aussi. Quelques mots omis par le copiste, et qu'il était facile de rétablir, ont été signalés entre crochets droits. Enfin, le volume portait l'*ex-libris* du Dr Philippe Encausse que nous reproduisons en fac-similé, ainsi que deux dessins du manuscrit original.

Place donc à la haute magie, en hommage au Dr Rozier.

Serge Caillet

Ex-libris de Philippe Encausse

I

INTRODUCTION

Définition de la haute magie

La haute magie est la magie mystique.

Il faut distinguer avec soin le *mysticisme* des *états mystiques.*

Le mysticisme est l'aspiration de l'homme vers Dieu en général. Tout individu qui tend vers Dieu, qui vise un idéal de pureté, de bonté, de sagesse, etc., pour se rapprocher de Dieu, fait du mysticisme, quelles que soient ses croyances philosophiques ou religieuses. Mais il n'entre pas pour cela dans les états mystiques.

Les états mystiques sont des états phénoménaux. Ce sont des phénomènes, comme les phénomènes physiques ou astraux, mais autrement sûrs. Les phénomènes ont des causes innombrables, de provenances diverses. Quand un phénomène est provoqué par une cause qui vient du plan céleste, on dit qu'il s'agit d'un phénomène mystique. Les états mystiques ou en général l'état mystique est donc un phénomène causé dans l'homme par des influences célestes.

Le but auquel tend l'état mystique est la fusion de l'âme humaine en Dieu, ce que l'on appelle symboliquement « le mariage en Dieu » ou «le mariage de l'Agneau».

Cet état comprend trois phases :

La première phase est la *vie purgative* par laquelle l'âme humaine se débarrasse de ses impuretés. La vie purgative est un travail accompli par l'homme sur lui-même avec la collaboration de Dieu.

La seconde phase est la *vie illuminative*, dans laquelle l'âme humaine est illuminée par la lumière divine. La vie illuminative résulte d'une action exercée par Dieu sur l'homme avec le consentement de ce dernier et sa collaboration. L'homme ne peut pas y parvenir par ses seuls efforts.

La troisième phase est la *vie unitive*, ou union de l'âme humaine avec Dieu. Cette dernière phase est un pur don de Dieu. L'action humaine n'y entre pour rien (si ce n'est pour la mériter).

Mais au-delà de cette troisième étape, l'âme humaine peut franchir encore un degré, en s'offrant elle-même à Dieu, en acceptant d'être une envoyée, une missionnée, ou bien de se borner à jouir des avantages que lui assure sa réintégration dans l'Unité. L'homme peut alors, sous la direction du plan céleste, être transporté dans l'invisible, non seulement en corps astral, mais en corps mental par exemple (ce qui est bien moins dangereux et assure à l'opérateur une bien plus grande puissance d'action), pour y agir comme il agit sur le plan physique, pour y lutter contre les forces du mal, pour y combattre pour la cause de l'Unité ou de Dieu.

Nous sommes alors dans le domaine de la haute magie ou magie mystique.

Nous appellerons *mage* celui qui exerce la haute magie, pour le distinguer du *magicien*, qui opère avec le secours de puissances invisibles autres que celles du plan céleste.

Le Tétragramme magique

La clef absolue de la magie, qui ouvre toutes les serrures, est le Tétragramme :

Savoir, Vouloir, Oser, Se taire

Nous étudierons plus tard l'importance de ce Tétragramme dans les plans invisibles. Mais ici signalons seulement son importance dans la vie de chaque jour, sur le plan physique :

Savoir. Il est évident que nous ne pouvons rien faire sans savoir. Celui qui veut exercer un métier doit savoir quelles sont ses aptitudes pour choisir d'abord, et ensuite doit savoir son métier.

Vouloir. C'est le verbe le plus important, la clef des réalisations. Il faut faire attention de ne pas confondre la volonté avec le *désir*, qui souvent la précède ou la provoque, mais s'en distingue. Le désir est un état d'aspiration vers quelque chose, un état passif; la volonté est au contraire une activité permanente. Il ne faut pas la confondre davantage avec cette passivité qui se laisse guider et entraîner par les circonstances et qui constitue au contraire un manque de volonté. La volonté, il est vrai, est sujette à de nombreuses maladies. Mais on n'a de volonté que si on sait aller jusqu'au bout de l'ouvrage entrepris, en surmontant tous les obstacles ou tout au moins ceux connus et prévus. Un obstacle imprévu peut obliger la volonté à reculer, si on ne peut le franchir que par un crime ou un moyen immoral. Savoir s'arrêter et reculer, ici, constitue encore un acte de volonté.

La volonté se développe et se renforce par l'exercice. Pour l'avoir toujours à sa disposition, il faut prendre l'habitude de l'exercer toujours. Il faut en un mot ne jamais obéir qu'à soi-même ; être entièrement maître de soi.

Ici nous rencontrons trois objections. Faut-il donc pour être libre ne faire que ce qui nous fait plaisir ? Faut-il désobéir à nos chefs ou nos maîtres ? Faut-il désobéir à Dieu ?

Ne faire que ce qui nous fait plaisir, n'est pas de la volonté ; c'est de l'esclavage. Le désir est un état passif qui nous opprime et nous asservit. Si le désir est généreux, et que notre raison soit d'accord avec lui, il nous faut *vouloir* ce que nous désirons et l'exécuter. Mais dans le cas contraire, au lieu de mettre la volonté en harmonie avec le désir, il faut la tourner contre ce désir pour le combattre.

Obéir à un chef ou à un patron n'est pas obéir à autrui, c'est obéir à soi-même. Par le fait qu'on s'est engagé envers ce chef, on a promis d'exécuter certains actes ; ce dernier en vous demandant de faire ces actes, vous rappelle à l'exécution de votre propre promesse.

Quant à Dieu, il ne nous commande jamais. Il nous laisse toujours libre de faire ce qu'il sollicite de nous ou de faire le contraire. Notre obéissance est donc un acte d'amour et de libre assentiment entièrement spontané.

Oser. Ne pas confondre *oser* avec *vouloir*. Il faut oser pour exécuter sa volonté, parce qu'on ne peut rien faire de sérieux sans danger et sans souffrance ; l'audace consiste précisément à affronter le danger ou la souffrance et à lutter contre ces obstacles pour réaliser sa volonté. Le lâche est celui qui n'ose pas.

Se taire. C'est le verbe de la discrétion. La première raison qui nous invite à la discrétion est une raison de prudence. Le bavardage et la vantardise sont dangereux pour la réalisation parce qu'ils éventent nos plans et nos moyens d'action, nous suscitent des jalousies, des concurrences, etc. Même après le succès il est imprudent d'éventer ses moyens d'action.

Tous les jours nous rencontrons des questionneurs indiscrets et des conseillers fâcheux qui s'efforcent de savoir nos projets et de nous diriger selon leurs idées personnelles. C'est un fléau auquel il faut résister énergiquement. Ce n'est pas une raison pour les dépister au moyen d'un mensonge : le remède serait pire que le mal. Mais il est indispensable de ne rien leur répondre ou de les arrêter d'un mot en leur faisant sentir leur indiscrétion.

Nous ne devons jamais donner de conseils à qui ne nous en demande pas. Nous avons le devoir de manifester nos convictions. Nous avons le devoir d'avertir autrui des dangers qu'il court lorsque nous le voyons. Mais nous n'avons pas le droit d'insister de manière à agir sur la liberté d'autrui. Une fois le conseil donné, nos raisons bien expliquées, nous ne devons plus rien dire et ne pas harceler autrui en lui disant : « *Avez-vous suivi mon conseil* ? »

La seconde raison, la raison *majeure* pour nous taire, c'est qu'il faut éviter tout gaspillage d'énergie. Et ici nous touchons déjà à l'étude du monde invisible.

Nous ne pouvons accomplir un travail quelconque qu'en dépensant une certaine quantité d'énergie ; c'est une loi physique bien connue. L'âme qui est esprit ne peut se manifester qu'au moyen d'un ensemble d'organes, visibles ou invisibles, et tous ces organes ont besoin d'énergie pour agir. Nous avons donc le devoir d'économiser notre énergie si nous voulons la trouver en réserve quand viendra le moment d'agir, car nos organes ne peuvent contenir qu'une réserve limitée d'énergie, et la provision est plus longue à refaire qu'à dépenser.

Or notre énergie peut être dépensée de bien des façons, elle peut se dépenser en travail visible ou en travail invisible, et le bavardage est une grande source de dissipation de l'énergie. Celui qui d'avance raconte à tout venant ses plans, ses projets, ses espoirs, dépense une quantité énorme d'énergie au détriment de son travail. Après avoir réalisé son idée en paroles il n'a plus la force nécessaire pour la réaliser en action. L'homme silencieux et discret conserve et accumule au contraire son énergie et peut agir avec une énergie considérable. C'est là d'ailleurs une vérité facile à observer et que beaucoup de personnes sentent d'instinct. Les paroles oiseuses, les bavardages, les histoires inutiles sont une dissipation d'énergie pour celui qui les profère et pour celui qui les écoute. C'est pourquoi l'Évangile nous dit que nous serons responsables même de nos paroles oiseuses.

La conversation peut inversement servir de soupape de sûreté pour éviter une trop grande tension d'énergie lorsque l'énergie n'est pas employée ailleurs ; car une accumulation d'énergie excessive est chose dangereuse. C'est pourquoi l'épreuve du silence absolu était une épreuve aussi pénible que dangereuse pour le récipiendaire qui y était soumis dans certaines initiations anciennes et notamment l'initiation pythagoricienne. Dans la pratique journalière de la vie, il est nécessaire d'échanger de temps en temps des idées ; il faut seulement le faire avec discrétion et choisir ses idées pour éviter les vaines paroles.

II

ÉLÉMENTS DE KABBALE

Divisions de la kabbale

La kabbale, ou doctrine ésotérique hébraïque se divise en quatre parties principales :

Le *Bereschit* ou œuvre de la création qui étudie les lois mystérieuses de la création résumées dans le *Sépher Jésirah.*

La *Mercavah*, ou oeuvre du char, étude de l'essence divine et de ses modes de manifestations, dans laquelle rentre l'étude des lettres et des nombres (*Zohar*).

La *Gématria* et la *Zémura* qui étudient les correspondances des nombres, les calculs mystiques, et qui ont donné naissance au Tarot.

Nous donnons ici seulement de très brèves notions sur deux des parties les plus importantes de la *Mercavah* ; les *Sephirots* et le Tétragramme, suivies d'une courte étude sur le Tarot.

Les dix sephiroths

Les dix sephires ou *sephiroths* indiquent les correspondances universelles des dix premiers nombres de la numération. Si l'on considère le nombre 1 comme le principe, l'origine de tout, l'Inconnaissable, la notion même de Dieu, les séphires expriment tous les attributs divins.

Les séphires se divisent en trois groupes ou étages de trois et un quatrième groupe formé d'une seule séphire. Cette disposition classique est dite : « arbre séphirotique ». Dans l'arbre séphirotique les séphires sont unies entre elles par des voies de communication ou *canaux*. Ces canaux sont au nombre de 22 et correspondent aux 22 lettres de l'alphabet hébreu. Les dix sephires et les 22 canaux réunis forment les 32 voies de la Sagesse.

Il est à noter que si les dix séphiroths représentent le monde divin, dans la dixième séphiroth *Malchut* on peut construire un deuxième arbre séphirothique qui représentera le monde philosophique. Dans la séphire *Malchut* de ce nouvel arbre on peut construire un troisième arbre qui représentera le monde physique.

Le Tétragramme

Le Tétragramme יהוה ou Tétragrammaton
est l'expression du quaternaire.

Dans l'ordre divin : י l'actif représente le Père,
ה le passif représente le Fils,
ו le lien représente le Saint-Esprit.

Nous trouvons ainsi la Trinité.

Rigoureusement le ה devrait représenter la femme, la Mère. Mais les Hébreux n'admettant pas que la femme put figurer dans le symbolisme divin l'ont remplacée par le Fils.

Quant au dernier ה que représente-t-il ? Il représente encore le Fils, mais considéré à un autre point de vue. Ce n'est

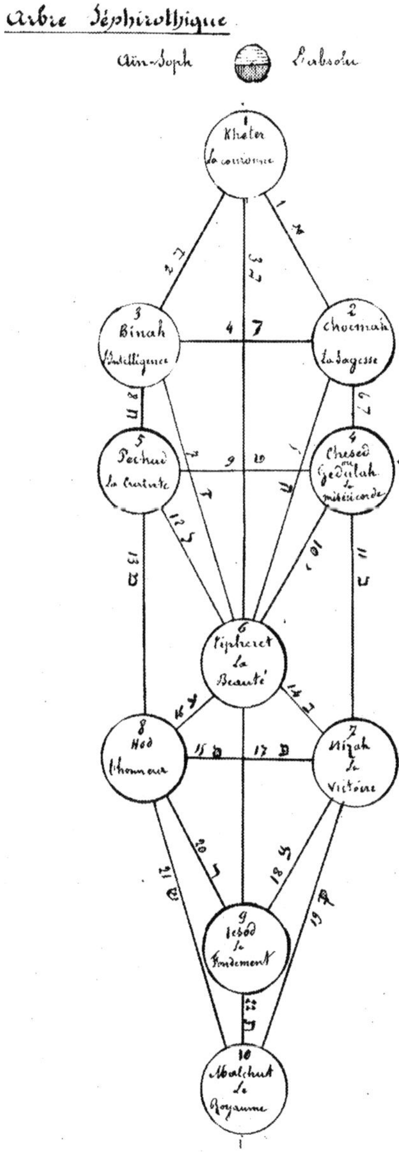
Arbre Séphirothique
Aïn-Soph
L'absolu
1 Kheter La couronne
2 Chocmah La Sagesse
3 Binah L'Intelligence
4 Chesed ou Gedulah la miséricorde
5 Pechad la Crainte
6 Tiphereth la Beauté
7 Nizah la Victoire
8 Hod l'honneur
9 Iesod le Fondement
10 Malchut le Royaume

plus le Fils, seconde personne de la Trinité, c'est le Verbe incarné dans l'univers, devenant une nouvelle unité et le point de départ d'un nouveau cycle.

Les vingt-deux lettres et les arcanes du Tarot

Le Tarot est un livre hiéroglyphique composé de 78 feuilles ou lames portant chacune une figure symbolique. Les 78 feuilles se décomposent elles-mêmes en 2 groupes : les *arcanes majeurs* au nombre de 22 et les *arcanes mineurs* au nombre de 56.

Les 22 arcanes majeurs ne sont pas autre chose que les symboles hiéroglyphiques des 22 lettres de l'alphabet hébreu. Chaque lettre hébraïque est, nous le savons, un hiéroglyphe. Cet hiéroglyphe est représenté dans le tarot par une figure symbolique qui remplace la lettre hébraïque.

Quant aux 56 arcanes mineurs, ils se décomposent en 4 séries de 14 lames. Ces quatre séries sont ce qu'on nomme les 4 couleurs : on en retrouve la trace dans les 4 couleurs de nos jeux de cartes actuels. Chaque série ou couleur comprend donc 14 lames qui se subdivisent elles-mêmes en deux groupes :

D'une part quatre figures : Roi, Reine, Chevalier, Valet.

D'autre part, dix nombres allant de 1 à 10. La clef des arcanes mineurs se trouve dans les séphires et dans le Tétragrammaton, comme la clef des 22 arcanes majeurs se trouvait dans les 22 lettres. En effet les quatre couleurs correspondent aux quatre lettres du Tétragramme. Ces couleurs sont :

Bâton correspond à י

Coupe correspond à ה

Épée correspond à ו

Denier qui correspond à ה

Ces correspondances sont devenues ce qui suit dans le jeu de cartes moderne :

Trèfle	Bâton	י
Cœur	Coupe	ה
Pique	Épée	ו
Carreau	Denier	ה

On retrouve encore le même quaternaire dans la liturgie catholique :

Crosse	Bâton	י
Calice	Coupe	ה
Croix	Épée	ו
Hostie	Denier	ה

Dans chaque *couleur*, les dix nombres 1 à 10 correspondent aux dix séphires. Et les 4 figures correspondent aux 4 lettres de la manière suivante :

Roi	י
Reine	ה
Chevalier	ו
Valet	ה

Voici maintenant l'énumération de 22 arcanes majeurs, ou hiéroglyphes de l'alphabet hébreu.

א Le Bateleur

La pose du personnage rappelle assez la lettre א. Celle-ci elle-même schématise assez bien un homme faisant le geste hiératique : une main montrant le Ciel et l'autre la Terre, pour exprimer le dogme d'Hermès : « *Ce qui est en haut est comme ce qui est en bas pour accomplir les miracles de l'unité.* » Les jambes du personnage sont écartées parce que, comme le dit l'Apocalypse, c'est un ange qui a un pied sur la terre et l'autre pied sur la mer. C'est le principe. En matière d'initiation, c'est le récipiendaire, le futur initié, l'intelligence dont l'éducation est à faire. Les quatre objets placés devant le personnage, sur la table, sont les quatre symboles du Tétragramme.

ב **La Papesse**

Dans la tiare qui lui sert de coiffure on peut voir un croissant ou deux cornes, symbole qui est celui de la déesse Isis. Son manteau couvre à demi le livre qu'elle tient sur les genoux. C'est la Sagesse, *Chocmah*. C'est le commencement de l'initiation.

ג **L'Impératrice**

Correspond à la séphire *Binah*, l'intelligence.

ד **L'Empereur**

Correspond à *Gédulah* ou *Chesed*, la miséricorde, la puissance temporelle.

ה **Le Pape**

La puissance spirituelle.

ו **L'Amoureux**

On a interprété ainsi cette figure : Hercule entre le vice et la vertu, ce qui serait plus exact c'est le doute, l'attraction en sens différent de deux forces opposées. C'est l'homme qui hésite entre deux chemins et qui se demande s'il continuera son initiation par la voie mystique, ou par la voie de la magie noire.

ז **Le Chariot**

Correspond à *Nitrah*, la Victoire. C'est l'initié qui a choisi son chemin et qui a remporté la victoire. Le Chariot est la fin du premier septénaire ; si l'on veut diviser le Tarot en trois septénaires, complétés par une 22e carte (qu'on appelle le zéro).

ח **La Justice**

Correspond à *Hod* -8-. C'est le nombre de l'équilibre.

ט **L'Hermite**

Signifie la prudence, l'initiation acquise. C'est l'homme qui cherche la vérité et qui s'avance avec prudence.

י **La Roue de fortune**

Les Tarots d'Etteila ont beaucoup altéré les figures de cette lame. La figure du haut doit être un sphinx et non un singe. La figure montante est Hermanubis, que peut symboliser un chien ou un homme. La figure descendante est le principe mauvais Typhon, que peut symboliser un crocodile. On peut interpréter, au point de vue initiatique : les vicissitudes humaines se déroulent au pied de l'initié qui n'y participe même pas et reste impassible.

כ **La Force**

Morale plutôt que physique.

ל Le Pendu

Œdipe pendu par un pied. C'est l'emblème du sacrifice. Cette lame correspond au nombre 12. Et dans la vie de l'initié, c'est le stade où les épreuves et les douleur qu'entraînent à sa suite l'initiation commencent.

מ La Mort

C'est de la mort du vieil homme qu'il s'agit ici. Cette lame correspond au nombre 13, qui dans certaines circonstances, en Orient surtout, est un nombre mauvais et passe pour fatal. Mais c'est là une simple coïncidence et ce n'est pas ce chiffre 13 qui a entraîné le principe de la mort.

נ La Tempérance

C'est le mélange des forces ou des principes contraires en de sages proportions.

ס Le Diable

La lettre ressemble à un serpent et le son qu'elle exprime est le sifflement du serpent. Cette analogie se retrouve dans la plupart des langues. C'est le serpent astral. Or ce qu'on appelle vulgairement le Diable n'est pas autre chose qu'un ensemble des forces astrales. Dans la figure, le Diable est debout sur un support qui n'est autre chose qu'un athanor alchimique. Les deux chaînes retenant les deux diablotins mâle et femelle sortent, soit de l'athanor, soit, dans d'autres Tarots, du nombril même du Diable.

ע Le Feu du ciel ou la tour foudroyée

On retrouve l'hiéroglyphe dans la forme du corps de l'un des personnages qui tombent de la tour. Cette lame pourrait s'intituler, d'une manière plus exacte, la catastrophe. En matière d'initiation, c'est la perdition par l'emploi des forces astrales ; c'est la catastrophe inévitable frappant l'initié qui s'est adonné à la magie et a fait appel au serpent. Cette catastrophe d'ailleurs n'est point absolue et sans remède ; c'est plutôt une réaction inévitable, un mal nécessaire, et l'initié frappé peut se relever par le moyen que révèle l'arcane suivant.

פ Les Étoiles

C'est le symbole de la nature. L'initié tombé pour avoir fait appel aux forces de l'astral peut se relever par le moyen des forces de la nature.

צ La Lune

C'est Hécate, les forces *lunaires* de la magie, ou forces nocturnes. Ce sont les puissances du paganisme. C'est la tentation. Cet hiéroglyphe exprime encore comme ט un ordre de choses mauvais pour l'initié, quoique moins dangereux que celui-là.

ק Le Soleil

Nouvelle création. Ce sont cette fois les forces bienfaisantes et régénératrices du soleil et de la lumière qui viennent s'offrir à l'initié.

ר La Résurrection ou le Jugement

C'est la régénération accordée à celui qui a *passé par le Soleil.*

ש Le Fou (certains Tarots disent le Mat).

C'est là un indice certain de l'origine *hindoue* des Tarots, car le mot mat n'a ce sens de fou qu'en Orient. Cet hiéroglyphe exprime une des épreuves les plus terribles de l'initié ; c'est la phase du découragement absolu, de la perte de toutes les forces morales. Souvent l'initié, même après avoir passé par la voie mystique, franchi de nombreux degrés, senti l'inexprimable joie spirituelle de la *présence divine*, tombe dans un désespoir sombre, un découragement absolu, laisse tout aller à vau-l'eau. Tout est noir en lui et autour de lui, il s'imagine s'être trompé de route, regrette le temps perdu. La crise peut être vaincue par la confiance en soi ou en Dieu. L'initié dont la personnalité est assez forte peut se dire qu'il a vu, qu'il a su, qu'il est sûr de sa route et qu'il doit toujours y marcher, même s'il ne voit plus rien devant lui : la Lumière viendra et elle revient en effet peu à peu. Si le malheureux réduit à l'état d'épave n'a plus cette force, un conseiller lui est envoyé pour l'aider à vaincre la crise.

De ceux qui ont passés par cette crise on peut dire qu'ils ont passés par le feu.

ת Le Monde

La jeune fille qui est dans la couronne fait le geste hiératique, comme le Bateleur.

C'est le retour à l'unité et le résumé de tout. C'est le Monde. C'est le but atteint. C'est l'initié parfait.

Tels sont les arcanes majeurs. Quant aux arcanes mineurs, il est facile d'en trouver la signification avec les deux clefs du Tétragramme et des séphires. Ainsi :

As de Bâton signifie Kether de י

2 de Bâton signifie Binah de י

10 de Coupe signifie Malchut de ה , etc.

Le Tarot est d'origine égyptienne. De là il a passé aux Indes ; de nombreux indices de ce passage existent. Des Indes, il a été importé en Europe par les Bohémiens. Les Bohémiens sur l'origine desquels on a tant discuté seraient le plus vraisemblablement une tribu de parias hindous chassés de leur pays par une invasion de Mongols. Ils se sont dirigés vers l'Orient et ont pénétré en Europe en suivant le chemin des Maures, c'est-à-dire par l'Espagne. On voit en effet les Tarots se répandre en Espagne d'abord, puis en Italie. Les Bohémiens s'en servaient pour prophétiser et dire la bonne aventure. Les Tarots passèrent ensuite en Allemagne où ils furent assez considérablement déformés. Ce n'est qu'au commencement du XIVe siècle qu'ils furent importés en France, probablement par des soldats de Duguesclin, qui s'en servaient comme d'un jeu. On sait qu'un Tarot fut enluminé pour amuser la folie de Charles VI, et ce fut l'origine de nos jeux de cartes modernes.

Le Tarot est un livre hiéroglyphique dont chaque lame exprime une idée abstraite. La combinaison de ces lames, soit suivant certaines règles, soit au hasard donnera donc des combinaisons de ces idées entr'elles d'une infinité de façons et le Tarot se comportera comme une véritable algèbre de la pensée, permettant d'exécuter un raisonnement, de tirer des conséquences d'un principe, etc., d'une façon mécanique.

Un procédé couramment employé pour former des phrases, consiste à brouiller les lames, couper et tirer un nombre de cartes variables suivant la clef choisie, puis à lire.

Supposons que nous ayons adopté la clef quaternaire et tiré par conséquent quatre cartes, supposons que ces cartes soient :

La Force כ

La Fatalité ש

La Sagesse ב

Le Triomphe ז

L'emploi de la clef quaternaire suppose une action du premier terme sur le second pour produire la réalisation du dernier par le moyen du médian. C'est le sens du Tétragramme יהוה nous pourrons donc lire :

La Force agissant sur la Fatalité, par le moyen de la Sagesse produit le Triomphe.

Ce qui est une idée abstraite susceptible d'un grand nombre d'applications particulières.

Supposons que nous tirions nos quatre cartes dans les arcanes mineurs (ce que Guillaume Postel appelait la Rota), et qu'il vienne :

Reine de Bâton
4 de Denier
3 d'Épée
7 de Coupe

On peut lire :

Le Passif-Actif agissant sur la Miséricorde réalisée (ou manifestée) par le moyen de l'Intelligence d'union produit la victoire du Passif.

Phrase susceptible également d'application dans tous les plans. Appliquons-là par exemple au plan divin. Il viendra : Dieu manifestant son amour en le faisant comprendre et sentir donne la paix du cœur, etc.

Le sens d'une phrase ainsi formée peut s'interpréter dans les trois mondes. Si on l'interprète au point de vue du plan physique et des intérêts qui y sont en jeu, c'est ce qu'on appelle tirer les cartes. Un mot sur ce mode de divination.

De la divination par le Tarot

Le Tarot était employé par les Bohémiens à la divination, et ce procédé est encore en honneur de nos jours, sous le nom de cartomancie. Cette opération exige le concours de deux personnes : un opérateur et un consultant qui se place près de lui.

L'opérateur tire de son Tarot un nombre déterminé de cartes suivant certaines règles, les dispose et les lit en s'efforçant de trouver un sens relatif à la personne du consultant. Dans cette sorte de divination deux éléments bien distincts entrent en jeu pour concourir au résultat. L'un est la science de l'opérateur, l'autre son intention.

L'opérateur doit avoir la connaissance des symboles du Tarot pour pouvoir déchiffrer ses hiéroglyphes et déterminer le sens général de la phrase formée par la combinaison des cartes qu'il a devant lui. Mais cela ne suffit pas, car cette phrase ayant un caractère absolument général et abstrait est susceptible d'une infinité d'applications à des sujets différents et par conséquent d'une infinité d'interprétations. Entre toutes ces interprétations, comment choisir la bonne, c'est-à-dire celle qui a trait à la personne du consultant et spécialement à ses préoccupations du moment, aux évènements importants de sa vie?

C'est ici qu'intervient l'intuition de l'opérateur. Le consultant apporte avec lui une certaine astralité, une atmosphère astrale qui lui est particulière, qui reflète ses goûts, ses tendances, son caractère, ses passions, qui contient une empreinte des influences qui dirigent sa destinée, qui contient les images astrales des évènements passés de sa vie et les clichés des événements à venir, etc. C'est cette atmosphère astrale qui va influencer l'opérateur s'il est sensitif, et parmi tous les sens possibles de l'arcane général qu'il a sous les yeux fait sortir le sens net, précis, relatif au consultant. L'opérateur agit en somme par le moyen d'une sorte de double vue: le Tarot sert seulement à absorber son attention pour faciliter la perception des images astrales et à fournir à son esprit un canevas schématique tout préparé, qu'il n'a plus qu'à interpréter d'après la perception plus ou moins confuse qu'il a de l'astralité du consultant.

L'intention de l'opérateur dépendant essentiellement de l'astralité du consultant varie avec elle. La même combinaison de cartes sortant successivement avec deux consultants différents sera lue différemment. Ainsi le dernier exemple que nous avons choisi (Reine de, י 4 ה de, 3 de ד et 7 de ה)
pourrait être lu par exemple par un cartomancien: « *Vous avez à lutter contre des troubles qui s'acharnent sur vous, mais vous avez une grande expérience et vous triompherez.* »

Ou bien: « *Une grande fatalité pèse sur vous, que des ennemis exploitent, ils ne commettent pas une faute, vous enserrent dans leurs filets et vous succomberez.* »

La cartomancie est donc avant tout une affaire d'intuition et d'habitude. Si l'intuition manque, on erre au hasard et on dit des erreurs. Or il y a des moments où le tireur de cartes a une intuition merveilleuse et d'autres où il n'en a pas du tout. Il y a des moments où le consultant est ouvert, où on peut lire dans son atmosphère invisible comme dans un livre, d'autres moments où il est fermé et où il est impossible de rien y voir. Suivant l'expression d'un célèbre chiromancien du Second Empire, Edmond, « *il y a des jours où les cartes parlent et des jours où elles ne parlent pas.* »

Edmond, de son vrai nom Sibouillard, ancien berger, était un lucide merveilleux. Un jour, consulté par deux messieurs inconnus, il répondit à l'un d'eux : « *Vous serez empereur des Français et vous mourrez assassiné sur la place de l'Hôtel de ville.* » Le consultant n'était autre que le prince Napoléon Bonaparte et cette prédiction fit la fortune d'Edmond auquel l'empereur envoya de nombreux clients. En 1870, ce fut l'Impératrice qui connaissait la prédiction qui obligea Napoléon III à quitter Paris et à partir pour Sedan, dans la crainte que la deuxième partie de la prophétie ne vint à se réaliser. Napoléon mourut peu après, car lorsqu'une époque est fixée pour la mort d'un homme, si celui-ci réussit à esquiver l'événement qui le menace, il ne peut pas prolonger de beaucoup sa vie au-delà du terme fixé.

En un mot il en est de la cartomancie comme de tous les autres procédés de divination ; ils peuvent donner des résultats tout à fait remarquables et il est intéressant au point de vue théorique de l'étudier. Mais pratiquement il est impossible de se fier aux résultats obtenus qui peuvent bien être aussi faux que vrais.

D'ailleurs, qu'on ne mette point en cause pour cela les grandes théories du Destin ou du libre-arbitre ; il y a parmi les événements de la vie humaine qui doivent arriver certains événements qu'il est permis de connaître d'avance, sans aller consulter aucun devin. Il en est d'autres qui sont réservés et que Dieu ne nous permet pas de connaître d'avance. Et en pareil cas, quel que soit le mode de divination auquel nous aurons recours, nous ne saurons jamais rien.

III

ÉTUDE DU MONDE INVISIBLE

L'invisible en général, la matière et ses modalités, les plans de l'espace

Le Monde ne s'arrête pas à la partie que nous en connaissons. Il y a une partie visible et une partie invisible. Nos instruments de plus en plus perfectionnés nous révèlent tous les jours des forces nouvelles, qui auparavant étaient pour nous insoupçonnées. Et au-dessus de ce domaine des forces physiques, il y a d'autres forces qui nous échappent. Toutes les pensées, les désirs, les forces morales par exemple sont encore des choses qui existent réellement, mais qui ne peuvent jamais tomber sous nos sens physiques et sont pour le corps physique invisibles et inconnaissables. Il y a donc un monde visible et un monde invisible. On peut en prendre comme types, pour se faire une idée approximative, la matière et l'esprit.

Mais avec cette conception nous entrons dans le chaos contradictoire des théories philosophiques. Les matérialistes ne veulent voir que la matière partout ; elle est pour eux la seule réalité.

Les spiritualistes considèrent au contraire l'esprit comme seule réalité et nient la matière.

Les théosophes hindous disent que la matière est une illusion de nos sens, Maya.

Une autre école ramène l'idée de matière à l'idée de force et ne veut voir dans la matière qu'un conflit de forces. Cela d'ailleurs ne nous éclaire pas beaucoup, car nous ne connaissons pas mieux la force que la matière.

Pour nous, nous admettons que la matière et l'esprit sont deux réalités distinctes et existent l'une et l'autre.

Mais qu'est-ce que la matière ?

La matière se fait connaître à nous par ses propriétés : pesanteur, inertie, impénétrabilité, etc. Mais il nous faut faire une distinction entre les propriétés qui sont réellement inhérentes à la matière et celles dont elle ne jouit que temporairement ou accidentellement ou par suite de certaines circonstances.

Ainsi la pesanteur dépendant de l'attraction universelle est un phénomène attaché à la matière physique telle que nous la connaissons, mais point à l'essence même de la matière. On peut concevoir une matière non pesante. Au contraire, l'impénétrabilité est une propriété permanente de la matière. On ne peut pas concevoir deux atomes matériels occupant un même point de l'espace. On peut dire de la matière que c'est l'impénétrable.

Une autre propriété permanente de la matière c'est l'inertie. Par ce mot d'inertie il ne faut pas entendre, comme on le fait quelquefois, la résistance que la matière oppose à un mouvement, mais au contraire l'impossibilité où est la matière de se mettre en mouvement d'elle-même, et son absolue docilité à suivre le mouvement qui lui est une fois communiqué. En un mot c'est la passivité qui résiste dans la matière, et ce qui s'oppose au mouvement, ce n'est pas son inertie, c'est sa masse.

La masse ne peut recevoir de meilleure définition que le rapport d'une force à l'accélération qu'elle produit sur le mobile auquel elle est appliquée. Nous ne connaissons pas de matière sans masse, mais nous pourrions la concevoir, ce qui indique que la masse n'est pas une propriété inhérente à la matière.

La matière se manifeste à nos sens sous diverses formes, sous divers états et sous diverses modalités.

Nous connaissons aujourd'hui quatre états de la matière : l'état solide, l'état liquide, l'état gazeux et l'état radiant ou fluidique, symbolisés par les quatre éléments des anciens, la terre, l'eau, l'air et le feu.

Nos sens physiques ne perçoivent qu'une modalité de la matière : la modalité physique. Mais il en est d'autres et la modalité la plus voisine de celle-là, est la modalité astrale.

C'est ici qu'il convient de distinguer avec beaucoup de soin les états de la matière qui sont une chose et les modalités de la matière qui en sont une autre.

Quelquefois, pour expliquer les rapports de la modalité physique et de la modalité astrale, on compare ces modalités à des états différents de la matière. Pour expliquer les dématérialisations par exemple, on compare l'objet dématérialisé à un morceau de glace réduit en vapeur par l'action de la chaleur, qui traverse à l'état de vapeur les obstacles que le morceau de glace n'aurait pas pu pénétrer, et qui va reformer par condensation et solidification un autre morceau de glace identique au premier, de l'autre côté de l'obstacle en question. En un mot on assimile l'astral avec l'état le plus impondérable de la matière physique, et que nous avons appelé fluidique.

C'est là une erreur complète, le raisonnement et l'expérience le démontrent.

D'une part, en effet, il est faux de dire, dans la comparaison faite ci-dessus, que le morceau de glace a passé à travers l'obstacle, le morceau de glace reformé de l'autre côté de l'obstacle peut avoir même poids, même volume, voire même forme que le premier, mais il est bien évident que ce n'est pas le même ; il n'y a pas identité. Or, dans les phénomènes de dématérialisation, il y a bien identité avec l'objet dématérialisé, c'est le même objet.

L'expérience démontre cette identité. Étudions en effet une expérience célèbre du Dr Mac Nab, qui a vu à deux reprises le médium avec lequel il opérait se dématérialiser, se volatiliser en quelque sorte sous ses yeux, dans une pièce hermétiquement close, et se retrouver dans la pièce voisine après avoir été transporté à travers les murs. Si la matière astrale n'était qu'un état supérieur de la matière physique, il aurait fallu que cet homme se liquéfiât, puis se volatilisât avant de pouvoir traverser les murs à l'état astral et ensuite qu'il se condensât de l'autre côté ! Il paraît au moins difficile d'admettre qu'il eût pu conserver sa vie après une semblable opération. La même observation peut être faite pour les apports de fleurs ou d'animaux vivants.

La vérité est que les états de la matière sont une chose, et que les modalités en sont une autre. On ne peut pas faire passer la matière en modalité astrale en la volatilisant et en poussant la raréfaction de plus en plus loin : on n'obtiendra jamais que de la matière physique.

Dans chaque modalité, la matière présente plusieurs états. En astral, comme sur le plan physique, il y a de la matière solide, de la matière liquide et de la matière gazeuse, etc. Un corps solide qui prend brusquement la modalité astrale reste solide et ne subit aucune altération dans sa structure.

Comment s'opère donc ce changement de modalité ? Qu'est-ce que le physique, l'astral et les autres modalités de la substance une ? C'est ici que nous sommes ramenés à l'étude de la matière.

Nous nous sommes séparés déjà de la théorie qui voulait que la matière ne fût que de l'énergie condensée.

La découverte du radium et des phénomènes de radioactivité a donné à cette théorie une forme nouvelle. On a admis que l'atome réputé autrefois insécable et indivisible était en réalité composé. Il jouait le rôle d'une unité relative, mais il se composait en réalité de particules plus petites que l'on appelle ions.

Les ions ne seraient eux-mêmes que des charges électriques, de l'électricité condensée.

Cette théorie nous fait toujours tourner dans le même cercle, parce que nous ne connaissons pas la force par laquelle on veut expliquer la matière. Nous ne connaissons pas la force en elle-même, c'est pour nous une abstraction métaphysique; nous ne connaissons pas la force mouvant la matière, c'est-à-dire que nous ne connaissons la force que par ses effets; mais la force mouvant la matière ou la matière en mouvement c'est la même chose.

Si donc on dit qu'un ion est une charge d'électricité, nous demandons ce que c'est que l'électricité? C'est une vibration de l'éther. Et qu'est-ce que l'éther? C'est de la matière fluidique. Donc l'ion est bien encore une particule matérielle.

Et alors tout se réduit à une question de mots. Si l'on admet que l'atome soit composé d'ions ou corpuscules matériels plus petits que lui, cela ne revient-il pas à appeler ion ce qu'on appelait jadis atome, et à appeler atome ce qu'on appelait jadis molécule?

De quelque côté qu'on se tourne on est donc ramené à la théorie de la matière irréductible, c'est-à-dire à considérer la matière comme une réalité.

Mais la matière ne se présente pas à nous qu'en mouvement actionnée par la force. Les atomes en perpétuels mouvements sont comparables, en raison des distances qui les séparent relativement à leurs masses, aux astres qui gravitent les uns autour des autres. Chaque atome possède une certaine quantité d'énergie qui le fait [se] mouvoir, mais cette énergie n'est pas dans l'atome même intra-atomique, comme le croient certains physiciens, elle est extérieure à l'atome, elle est inter-atomique. On peut dire en ce sens que tout corps a une âme et c'est précisément l'âme de ce corps qui communique aux atomes leurs mouvements. Si la matière pouvait exister à l'état entièrement inerte, sans âme (et nous verrons plus tard qu'elle a existé dans cet état) ses atomes seraient immobiles, se toucheraient les uns les autres, et elle serait imperceptible pour nos sens, parce que, ce que nous percevons, c'est le mouvement de la matière ; toutes ses propriétés physiques sont la conséquence de mouvements moléculaires. Ce sont les réactions opérées par les mouvements des atomes d'un corps sur les propres mouvements atomiques de nos sens que nous percevons.

Or, quand un atome de matière passe de la modalité physique à la modalité astrale ce n'est pas l'atome matériel qui se modifie, il reste identique à lui-même. C'est seulement la force interatomique qui l'anime qui change de nature ou de modalité. Et ce changement suffit à donner à l'atome des mouvements nouveaux et des propriétés nouvelles.

Éclaircissons cette idée au moyen d'une théorie bien connue en physique sous le nom de théorie des champs de force.

On sait que tout système de forces physiques en action provoque autour de lui la naissance d'un « champ de force », portion de l'espace déterminé qui jouit de propriétés particulières. Un aimant détermine autour de lui un champ de force dont on peut constater l'existence en couvrant l'aimant d'une feuille de papier saupoudrée de limaille de fer. Les particules de limaille se groupent de manière à former des dessins réguliers dont les figures correspondent aux « lignes de force » du champ magnétique ainsi créé.

Or, deux champs de force de même nature sont impénétrables l'un à l'autre. Deux champs de force de nature différente sont pénétrables l'un à l'autre. Cette double loi qui est la clef des phénomènes provoqués par les changements de modalité de la matière se vérifie dans nos laboratoires par un certain nombre d'expériences. Entre les deux branches d'un électro-aimant disposons un disque de cuivre ou de fer monté sur un axe. Tant que le courant ne passe pas dans l'électro[-aimant] le disque tourne facilement entre ses branches. Dès que le courant est lancé le disque éprouve une résistance considérable, comme s'il frottait entre deux coussins très serrés, et s'échauffe facilement.

Pourquoi ? Parce qu'il s'est développé un champ de force entre les deux branches de l'aimant, et qu'il est impénétrable au champ de force analogue du disque.

Une boule métallique tombant à l'intérieur d'une bobine traversée par un fort courant électrique peut être arrêtée dans sa chute et rester suspendue en l'air (expérience de Thomson).

Mais notons que si la boule était en bois elle tomberait parfaitement par terre, parce que la boule de bois est insusceptible [*sic*] de développer un champ de force électrique ou magnétique. Elle ne développe que le champ de force causé par la force de la gravitation, et ce dernier passe à travers le champ de force électrique, comme s'il n'existait pas pour lui.

La tête du marteau ne touche jamais la tête du clou qu'on enfonce, car dans la matière vivante, douée d'une âme, deux atomes ne peuvent jamais se toucher. C'est le champ de force du marteau qui repousse le champ de force du clou.

Ceci étant donné, concevons deux corps dont les champs de force soient différents, dont l'un appartienne à la modalité physique, et l'autre à la modalité astrale. Rigoureusement parlant les atomes de ces deux corps ne peuvent pas occuper des points identiques de l'espace, mais cela n'empêche pas ces deux corps de pouvoir passer l'un à travers l'autre avec la plus grande facilité.

Leurs atomes, en effet, sont séparés les uns des autres par des distances comparables aux distances des astres entre eux. Ils peuvent aisément passer les uns au milieu des autres. Ce qui empêche deux corps physiques de passer l'un à travers l'autre, ce n'est pas l'impénétrabilité de la matière, c'est l'opposition des deux champs de force. Si cette opposition cesse, les deux corps passent l'un à travers l'autre.

En supposant que le corps à l'état physique soit un corps humain, il est clair que le corps à l'état astral sera invisible et comme inexistant pour lui, puisqu'il aura un champ de force de modalité différente du sien, incapable de réagir sur le sien, ni par conséquent de faire impression sur aucun de ses organes.

La matière est susceptible de plusieurs modalités différentes. Ces modalités se nomment encore des plans. Nous appelons plan physique la partie de l'Univers qui est sous la modalité physique, plan astral la partie de l'Univers qui est sous la modalité astrale, et ainsi de suite. Dire qu'un corps passe en astral, cela signifie qu'il prend la modalité astrale, mais cela ne signifie pas le moins du monde qu'il change d'état. Les plans ne sont pas des lieux. Il n'y a dans l'Univers qu'une substance, mais sous des modalités différentes, sous des plans différents. Le plan céleste est donc aussi bien sur terre que dans le ciel, et il en est de même des autres.

Les plans se pénètrent les uns les autres. Nous avons vu précédemment qu'un corps occupe dans l'espace un volume apparent, qui n'est pas un volume réel puisque les atomes sont à des distances fabuleuses les uns des autres. Nous savons déjà que les états les plus denses de la matière sont pénétrés par les états moins denses. L'éther pénètre tous les corps, et entre les atomes de l'éther le vide est comblé par la matière du plan suivant, c'est-à-dire par la matière astrale. C'est pourquoi l'éther est l'intermédiaire qui transmet à la matière physique, plus dense, les vibrations de l'astral.

De même les intervalles laissés entre les atomes de la matière astrale sont remplis par la matière du plan suivant.

Telle est la conception générale que l'on peut se faire sur la nature des plans invisibles. Ils sont aussi réels que le nôtre, mais ils sont inexistants pour lui.

Un phénomène habituel, propre à nous donner une idée expérimentale de l'invisible est le phénomène du rêve. Dans le rêve (au moins dans les rêves nets et non confus), on éprouve un ensemble de perceptions semblables à celles que l'on éprouve pendant la veille. On voit, on entend, on touche, on sent, etc., comme pendant la veille, et souvent même avec plus d'intensité. D'autre part on perçoit des êtres et des choses absolument semblables à ceux que nous rencontrons tous les jours dans la vie ; parfois aussi on voit des êtres inconnus, ou l'on éprouve des sensations ignorées sur terre (personnages bizarres, animaux fabuleux, sensation de planer dans l'espace, modification des idées de temps et d'espace). Enfin, l'esprit se trouve en rêve dans un monde analogue au monde physique, mais non point semblable, et il ne s'y sent pas dépaysé, il ne s'étonne pas des étrangetés qu'il y rencontre : on trouvera tout naturel, en rêve, de causer avec un mort ou d'entendre parler un animal : l'étrangeté du fait ne nous frappera qu'au réveil.

Il est certain que toutes les perceptions éprouvées en rêve ne nous viennent pas par le canal des sens physiques. On peut donc voir autrement que par le secours des yeux ; entendre autrement que par le secours des oreilles, et c'est précisément ce qui arrive quand nous sommes transportés dans l'invisible.

Certains rêves peuvent, il est vrai, s'expliquer en dehors de toute perception réelle par des phénomènes de mémoire ou d'imagination. Mais tous les rêves ne peuvent pas s'expliquer ainsi ; dans tous les cas de rêve lucide, de rêve télépathique, de rêve prémonitoire, etc., il est certain que l'esprit a perçu directement sans le secours des sens une scène qui se passait au loin au moment du rêve.

C'est en vain que l'on invoquerait la coïncidence ou le hasard pour exprimer la simultanéité de l'événement et du rêve. La répétition fréquente de ces sortes de rêve exclut l'hypothèse du hasard, parce que, comme l'a démontré Flammarion, un semblable hasard serait en contradiction absolue avec les lois mathématiques du calcul des probabilités.

Il faut donc conclure que le rêve permet de percevoir des réalités autres que celles du plan physique, ou en d'autres termes permet de pénétrer dans les plans invisibles.

De la division des plans invisibles

L'invisible comprend donc des états de raréfaction ou de subtilité plus ou moins considérables, ainsi que nous l'avons établi ; il comprend plusieurs plans, qui présentent des propriétés bien différentes les uns des autres. De tous temps les initiés se sont efforcés d'établir une division et une classification de ces divers plans, pour pouvoir se reconnaître plus facilement dans les théories ou dans les phénomènes. Ces divisions assez nombreuses sont naturellement toutes plus ou moins arbitraires, elles diffèrent les unes des autres et paraissent quelquefois se contredire. Tout dépend évidemment du point de vue que l'on adopte et de l'analyse plus ou moins détaillée que l'on veut faire.

Une classification très simple, admise par la plupart des catholiques, consiste à distinguer, d'une part, ce monde-ci (plan physique), et d'autre part l'autre monde qui comprend tout l'invisible et renferme le paradis, le purgatoire, l'enfer. Cette division a le défaut d'être un peu trop simpliste.

Une classification ancienne, très simple et rendant admirablement compte de la réalité des choses, est celle des *Druides*. Elle consiste à diviser le monde en trois cercles :

1) **Ceugan**, le cercle du vide, où l'homme ni aucune créature ne peut pénétrer, et qui est occupé par Dieu seul (nous dirions le plan divin).

2) **Gevinfied**, le cercle de la félicité où arrivent les âmes qui ont enfin cessé de transmigrer, et où elles jouissent d'un bonheur sans mélange (correspond à peu près au plan céleste).

3) **Abred**, le cercle des transmigrations, dans lequel tournent les âmes encore soumises à la loi des transmigrations. Ces âmes s'incarnent, vivent, quittent leur enveloppe en mourant et recommencent à tourner dans le même cercle, jusqu'à ce qu'elles soient assez purifiées pour passer dans le cercle de la félicité.

Dans les bas-fonds du cercle d'Abred, se trouve un cercle secondaire appelé Anouphen ou cercle des ténèbres. C'est le cercle de la putréfaction et de la germination (qui se font dans les ténèbres). Dans ce cercle se trouvent les germes de tout ce qui existe sur terre, de ce cercle partent les êtres pour leurs réincarnations successives (il correspond donc sensiblement au plan astral).

Les kabbalistes divisent l'invisible en quatre mondes :

1er **Aziluth**, le monde de l'émanation qui dépend de Dieu.

2e **Briah,** le monde de la création, qui dépend des anges créateurs, les Elohim (car d'après la kabbale le monde n'a pas été créé par Dieu mais par les Elohim).

3e **Jésirah**, le monde de la formation qui contient les formes astrales.

4e **Aziah**, le monde de la fabrication ou matérialisation, le plan matériel.

Dans ces quatre monde l'influence divine rayonne en s'affaiblissant progressivement à mesure qu'on s'éloigne d'Aziluth.

Les Théosophes font de l'univers une division sur la clef septénaire. Cette division correspond surtout à la division des sept principes dans l'homme.

1er **Atma**, l'esprit pur qui correspond au Nirvâna.

2e **Buddhi**, correspond à peu près au monde angélique.

3e **Manas**, plan de l'intelligence, plan mental sur lequel s'élaborent les idées.

4e **Kama-Loka**, l'astral supérieur.

5e **Akasa**, l'astral inférieur.

6e **Jiva,** la vitalité, la vie universelle.

7e **Prakriti**, la matière physique.

Personnellement, nous proposons une division en six plans ainsi compris :

1er **Plan divin.** Qui est tout à fait à part, et ne nous appartient pas. Il ne contient que Dieu et nous ne pouvons jamais y pénétrer.

2e **Plan céleste**. Qui est réservé aux esprits selon Dieu, où pénètrent les hommes qui ont terminé leur évolution.

3e **Plan mental**. Sur lequel les êtres sont des idées.

4e **Plan kamique** ou plan passionnel, plan des désirs.

5e **Plan astral,** le fameux plan des sorciers.

6e **Plan physique**.

Chaque plan peut se subdiviser en trois sous-plans : inférieur, moyen, supérieur. Ceux-ci peuvent recevoir pareillement trois subdivisions, et ainsi de suite.

Le plan sur lequel nous nous mouvons est le plan physique inférieur, car il existe une matière physique moyenne, et une supérieure, qui sont peu connues, mais existent parfaitement.

Des différents plans et de leurs habitants

PLAN DIVIN

Le plan divin est inaccessible et incompréhensible à l'homme, occupé par Dieu seul.

Le plan divin est le seul qui soit purement spirituel, sans aucune matière. Dieu est l'Esprit pur, sans corps, qui n'est pas en puissance de matière.

Dieu n'est pas enfermé dans le plan divin, il se trouve dans tous les plans à la fois.

PLAN CÉLESTE

Le plan céleste est le plus élevé des plans matériels, seuls le plan divin et le plan céleste ont préexisté de toute éternité à notre création, seuls ils ont une existence permanente. Tous les autres plans de l'univers se sont développés à un certain moment, ils ont eu un commencement, de même ils se résorberont et auront une fin. On peut donc les appeler des plans adventices.

Dans le plan céleste le Bien ou le Bon seul règne, il n'y a rien de mauvais. Nulle part on n'y trouve une trace de désespérance ; on peut même dire que ce plan est le royaume de l'espoir. Tous les hommes de bonne volonté peuvent espérer à y entrer, et sont certains d'y parvenir ; ceux-là seuls n'entreront pas au plan céleste qui ne voudront pas y entrer ; il ne faut donc jamais désespérer quoi qu'il arrive, car Dieu nous fait un crime de nous désespérer, et la confiance en lui peut toujours nous sauver.

Le plan céleste est habité par une foule considérable d'êtres.

* *Le Christ, la Vierge*

Le Christ règne dans le plan céleste. Il ne faut pas perdre de vue ici la distinction entre le Verbe divin lui-même et son incarnation. Le Verbe divin, seconde personne de la Trinité, appartient au plan divin, mais son incarnation terrestre dans la personne de Jésus-Christ appartient au plan céleste. C'est, si l'on veut, en tant qu'homme, que le Verbe incarné règne sur le plan céleste.

C'est de la Vierge céleste ou Vierge de Lumière qu'il s'agit ici. Il ne faut pas la confondre avec la personnalité de la Vierge Marie, mère du Christ, qui n'est que son incarnation terrestre.

La Vierge de Lumière représente la première et la plus parfaite des créatures. Lorsque Dieu a voulu devenir créateur, il a dû se différencier lui-même, il a dû sortir du non-être des kabbalistes, pour se projeter lui-même devant lui. Ainsi le Verbe est sorti du Père, relié à lui par le courant du Saint-Esprit. Et lorsque le Verbe a été ainsi différencié, il est devenu créateur et il a créé la créature par excellence, le premier ה du Tétragramme, celle qui est appelée dans l'arbre séphirothique Chésed ou Gédulah, la Miséricorde. Cette créature est la manifestation même de la Bonté divine, parce que de Dieu n'a jamais pu sortir, ne peut jamais sortir ni ne pourra jamais sortir autre chose que de la Bonté, quoiqu'en dise une certaine théologie impie qui enseigne que Dieu, le principe même d'Amour, puisse punir ses créatures ou se venger d'elles, et qui veut les rendre responsables du mal que peuvent nous causer d'autres créatures, bien inférieures à Dieu, mais terribles encore pour nous, comme l'Adversaire.

La Vierge de Lumière a existé avant toutes les créations, avant que rien ne fut. Car les créations divines sont incessantes et perpétuelles. La théologie veut que le monde ait été créé d'une seule fois; cela n'est pas exact. Ce que nous appelons la création du monde, c'est simplement notre création à nous, notre Manvantara diraient les théosophes. Les êtres créés par Dieu sont immortels, mais les groupements, les changements, les arrangements, les formations sont transitoires. Notre création passera un jour et d'autres lui succèderont, qui ne la soupçonneront pas, bien que nous, nous continuions à exister.

Tous les peuples de l'antiquité ont plus ou moins connu ou soupçonné la Vierge céleste. L'antiquité païenne lui a donné une foule de noms qui exprimaient chacun un de ses aspects ou un de ses attributs (car le paganisme était essentiellement analytique): Vénus, Uranie, Diane, Minerve, Cybèle, etc.

Mais la Vierge n'a été réellement comprise qu'après son incarnation terrestre, car la Vierge s'est incarnée pour être la mère du Verbe. Et nous devons ici rectifier une erreur ou plutôt éclairer une obscurité de la théologie catholique. Cette doctrine enseigne que la Vierge est née sans péché, immaculée, c'est là ce qu'on appelle le dogme de l'Immaculée Conception. Et comme la théologie est incapable de comprendre elle-même et d'expliquer ce dogme, elle en fait un mystère. Il suffit de comprendre ce qu'est ce péché originel qu'apporte tout homme venant au monde, pour comprendre le prétendu mystère. Le péché dont il s'agit est le péché d'Adam (et non pas comme disent certains théologiens, le péché de la génération auquel tout homme doit sa naissance, car la génération physique, bien loin d'être un péché est au contraire une gloire). Adam, l'Adam Kadmon a commis une faute et nous tous, hommes, nous en supportons les conséquences parce que tous nous l'avons commise. Toutes les âmes humaines actuellement séparées en des individus différents, ne sont que des parties d'Adam Kadmon. Tous nous figurions au péché d'Adam. Tous nous en supportons les conséquences. C'est là ce qu'on exprime en disant que tout homme est de la race d'Adam et qu'il vient au monde souillé du péché originel. L'âme qui s'incarne dans le nouveau-né est en effet une partie de l'Adam Kadmon. (Disons cependant en passant qu'on rencontre quelquefois exceptionnellement sur terre et dans des corps humains des esprits qui ne sont pas de la race d'Adam, qui n'ont jamais été des hommes. Ils occupent ces corps par embryonnat, soit même quelquefois par incarnation régulière au moment de la naissance.) Nous sommes tous une partie d'Adam et tous nous avons péché en Adam.

Mais la Vierge n'est pas de la race d'Adam puisqu'elle existait avant lui, elle n'a pas participé au péché d'Adam et par conséquent il n'y a rien d'étonnant à ce qu'elle soit venue au monde sans péché « ou immaculée ». Cela n'empêche pas que la Vierge Marie n'ait été engendrée par un père et par une mère comme tous les enfants des hommes, mais dans le corps de l'enfant ainsi conçu ce ne fut pas une âme de la race d'Adam qui s'incarna au moment de la naissance, ce fut la Vierge céleste elle-même, et par suite l'enfant naquit sans péché. Tel est le sens du dogme de l'Immaculée Conception.

* *Les anges*

Les anges sont le type des habitants du plan céleste.

Qu'est-ce que les anges ?

Les théologiens disent que ce sont de purs esprits créés dans l'état d'innocence et y ayant persévéré. Toutefois il s'est trouvé certains d'entr'eux, sous la conduite du plus puissant de tous, Lucifer, pour se révolter contre Dieu. Michaël à la tête de ses légions les a vaincus et précipités dans l'abîme où ils sont devenus les diables, diables qui d'après les idées des catholiques semblent jouir dans le monde d'une puissance au moins égale à celle de Dieu, sinon supérieure car ils lui font perpétuellement échec.

Swedenborg dit que les anges ne sont pas autre chose que des âmes humaines suffisamment évoluées ; nous serions tous appelés à devenir un jour des anges.

Les théosophes disent que les anges n'existent pas et ceux que nous prenons pour des anges sont des hommes, même encore vivants, initiés, mahatmas, etc., qui agissent dans l'invisible.

En réalité, les anges sont des purs esprits revêtus d'un corps céleste et par conséquent matériel, et comprenant une foule d'êtres tout à fait différents. Les théologiens ne font pas de distinction entre les anges (sauf la division en neuf Chœurs), et donnent à tous la même origine, la même nature et les mêmes caractères. De même ils admettent qu'avec Dieu, la Vierge et les hommes, les anges sont les seuls êtres pensants qui existent. Ce système trop simpliste les conduit à attribuer tout ce qui se passe dans l'invisible à l'action des anges, tantôt des bons anges et tantôt des mauvais anges ou démons. On arrive ainsi à des difficultés insolubles parce qu'on voit se manifester dans l'invisible des êtres tout à fait innocents qu'il est impossible de ranger parmi les démons, mais qui ne sont pas davantage des anges, parce qu'ils ne sont pas parfaits. Ainsi les théologiens ont-ils été nécessairement conduits à quelques concessions. Ils ont admis l'existence « d'esprits de l'air » ainsi nommés parce que saint Augustin leur a donné ce nom, et que l'argument d'autorité a en théologie une valeur considérable. Ils admettent aussi qu'il existe des anges qui ne sont pas encore tout à fait tombés, qui ne sont pas encore des démons, mais qui cependant seront des démons à la fin des temps, ce qui est assez absurde.

Nous sommes donc conduits à admettre qu'il existe, dans l'Univers, plusieurs sortes d'esprits, et que les anges en sont une ; que les anges eux-mêmes se divisent en un grand nombre de catégories. Le mot ange, en effet très général, ne signifie rien d'autre que « messager ». Les anges sont en effet les messagers de la pensée divine, comme certains petits êtres de l'astral sont les messagers de la pensée humaine.

Les anges ont été créés antérieurement à nous, ils ne sont pas de notre manvantara. Il est vrai que certains anges ont commis une faute, comme Adam, et que cette faute a entraîné leur chute. C'est d'ailleurs un accident à peu près inévitable dans une création, et qui se reproduit dans toutes. Mais la faute des anges et celle d'Adam, n'a pas été la même, nous le verrons plus tard, elle n'a pas entraîné la même conséquence. Tous les hommes d'abord ont fauté, tandis qu'une partie seulement des anges s'est laissée entraîner. Comme punition, l'homme déchu du plan céleste est descendu [sur] le plan kamique d'abord, puis sur le plan physique, qui l'a absorbé. Aujourd'hui il est obligé d'évoluer péniblement sur ce plan physique, « à la sueur de son front », tandis qu'il pouvait autrefois le diriger et l'évoluer [*sic*] comme en se jouant (la Genèse dit en effet que Dieu avait placé l'homme dans un jardin, ce qui signifie qu'il l'avait préposé à l'évolution du plan physique.) Mais enfin l'homme déchu a encore un habitat, et sur le plan physique il est chez lui.

Le sort des anges rebelles est infiniment plus malheureux. Ils ont été chassés par leur révolte du plan céleste, mais ils lui appartiennent toujours et n'appartiennent à aucun autre plan. D'une part leur révolte obstinée leur ferme le plan céleste dans lequel ils pourraient cependant rentrer s'ils le voulaient. D'autre part aucun autre plan ne veut les accueillir; ils peuvent descendre dans tous et y séjourner un instant, même sur le plan physique, mais un instant seulement, et sont ainsi condamnés à errer perpétuellement sans jamais se reposer nulle part, supplice symbolisé par l'histoire du Juif errant.

Cette situation résulte nécessairement de la condition dans laquelle les anges, bons ou mauvais, peuvent parcourir les divers plans. Pour passer d'un plan dans un autre, ils sont obligés d'emprunter un corps fait de la matière de ce plan, en vertu de cette grande loi « *que l'esprit se dévêt pour monter et se revêt pour descendre*». Un ange voulant descendre sur le plan physique par exemple devra prendre un corps physique. Mais ce corps sera temporaire et non pas permanent. On appelle corps permanent un corps comme celui dont nous sommes revêtus, qui naît au moment où l'âme s'unit à lui, se développe et abandonne enfin l'âme lorsque le temps de son incarnation est accompli. Au contraire le corps temporaire se forme d'un seul coup, en un instant, et présente l'âge apparent qui a été déterminé d'avance par l'esprit incarné.

Ces corps temporaires se rapprochent évidemment des matérialisations spirites, mais ils en diffèrent en ce que le corps matérialisé, dans l'expérience spirite, est complètement formé par une matière toute préparée d'avance, empruntée au corps du médium et qui lui est rendue, en partie, à la fin de l'expérience. Au contraire lorsqu'il y a incarnation d'un esprit puissant, d'un ange par exemple, c'est cet esprit qui lui-même prépare, forme et crée le corps dans lequel il va entrer.

Mais comme les matérialisations spirites, les corps temporaires ne peuvent durer qu'un instant. Cette durée est d'autant plus longue que le plan sur lequel se trouve l'ange incarné est plus proche du plan céleste. Très courte sur le plan physique, elle est beaucoup plus longue sur le plan mental. C'est sur le plan mental que les anges rebelles séjournent le plus volontiers, parce que c'est là qu'ils peuvent se reposer plus longtemps, aussi le plan mental est-il peuplé de démons.

Sur le plan physique, l'histoire relate quelquefois des exemples de ces incarnations d'anges. Fréquentes autrefois, elles le sont moins aujourd'hui ; il y en a cependant toujours, mais on ne les remarque plus, car il est impossible de distinguer un corps permanent d'un corps temporaire. Une des incarnations les plus longues que la tradition ait conservée est celle de l'ange de Tobie; encore n'est-il pas bien sûr que l'ange de Tobie ne se dématérialisât pas pendant la nuit. En règle générale, il semble qu'un esprit supérieur ne puisse rester incarné sept jours consécutifs sur terre sans faire cesser l'incarnation au moins pendant un jour entier.

Il y a entre l'ange et l'homme cette différence essentielle que l'ange « pendant l'éternité des temps » c'est-à-dire pendant notre « Manvantara » (nous ne savons pas ce qui adviendra ensuite), appartient au plan céleste seul et ne peut traverser les autres plans que temporairement. L'homme au contraire est destiné à se rendre maître de tous les plans. Pendant sa vie il se rend maître du plan physique et aussi, comme nous le verrons, du plan astral. Après sa mort, s'il s'est préparé pendant sa vie, il peut encore se rendre maître du plan kamique et du plan mental. Les anges nous sont donc aujourd'hui supérieurs, mais quand notre évolution sera terminée et que nous atteindrons le plan céleste, l'avantage sera en notre faveur.

* *Forme et langage des anges*

En parlant ici de la forme et du langage des anges, nous considérons les anges comme le type des habitants du plan céleste, et ce que nous pouvons dire peut s'appliquer à tous les autres habitants du plan céleste.

L'ange étant un pur esprit est proprement sans forme, c'est un arupique, pour emprunter le langage des théosophes.

Mais cependant cet esprit est enfermé dans un corps céleste, c'est-à-dire dans un corps matériel. Etant matériel, ce corps est nécessairement limité, et par là a bien au moins une apparence de forme.

Si l'âme n'a point de forme, elle a en revanche le pouvoir de former, c'est-à-dire de donner leur forme aux corps qu'elle anime. Car la forme d'un corps, son apparence, résulte uniquement de ses qualités ou ses propriétés, et ces qualités, c'est l'âme qui les lui donne. Tout ce qui a une forme a une âme ; si un caillou n'avait point d'âme, il n'aurait pas de forme et ne pourrait pas être perçu par nous. La matière morte, sans âme (tohou-boou) qui constituait autrefois un plan infraphysique et dont il reste encore aujourd'hui quelques vestiges, est absolument impondérable et inexistante pour nous.

Mais sur le corps céleste infiniment plastique qui forme le corps de l'ange, l'âme en agissant directement donne, non pas une forme, mais toutes les formes. La forme change et se modifie à chaque mouvement d'âme nouveau.

Les mouvements d'âme de l'ange ne sont évidemment pas ceux de l'homme : il n'y a jamais dans le plan céleste, ni colère, ni envie, ni jalousie comme sur le plan physique, mais il reste des mouvements d'âme possibles, bien que purs. L'âme par elle-même en tant qu'esprit est pure et inaccessible : rien ne peut la souiller. Mais elle est susceptible de recevoir les impressions du corps dans lequel elle est enfermée et d'en ressentir les contre-coups. Chez l'ange elle est agitée seulement par les impressions du corps céleste, et en réagissant elle modifie les formes de ce corps à proportion des mouvements qu'elle reçoit ; chez l'homme elle reçoit des impressions de tous les corps et surtout du corps physique qui parle le plus haut (et par réaction, tous les corps reproduisent plus ou moins ses impressions à proportion de leur mobilité : le corps physique les traduit sur sa physionomie).

On peut donc dire que l'ange, tout en n'ayant pas de forme, a toutes les formes, ce qui évidemment paraît contradictoire, mais ne peut s'expliquer davantage. Pour savoir ce qu'est la forme des anges, il n'y a qu'un moyen, c'est de se transporter soi-même sur le plan céleste, c'est-à-dire d'entrer en extase. Nous parlons ici de l'extase mystique. Il ne faut pas la confondre avec l'extase magnétique, dans laquelle le sujet n'atteint guère que le plan physique supérieur, rarement le plan astral, et encore le sujet est en danger s'il l'atteint. Il ne faut pas la confondre davantage avec l'extase hystérique qui atteint assez facilement le plan astral, ni avec certaines extases spontanées qui permettent de remonter plus ou moins haut, parfois jusqu'au plan kamique. Et encore lorsqu'on arrive au plan kamique supérieur on peut déjà dire que l'extase est d'origine mystique.

Mais l'âme qui comme saint Paul est ravie au troisième ciel et touche un instant le plan céleste (car cela ne dure qu'un instant) peut pendant cet instant vivre réellement sur le plan céleste, y voir, y entendre les anges et parler leur langage. Mais une fois l'âme réintégrée dans son corps, elle conserve le souvenir exact de tout ce qu'elle a vu, mais elle se sent profondément incapable de l'exprimer avec des mots humains.

Quel est donc le langage des anges dont parlent plus ou moins tous les mystiques et que certains ont même eu l'illusion de croire reproduire ? C'est purement et simplement la communication de pensée, la transmission de la pensée d'âme à âme. Sur terre déjà, certains phénomènes nous donnent une petite reproduction de ce mode de langage. La télépathie est une transmission de pensée à distance. Et entre proches parents, ou mieux entre époux, la transmission de pensée est un phénomène extrêmement fréquent. Combien de fois n'a-t-on pas la même idée au même instant, et combien de fois l'un des époux ne suit-il pas la pensée silencieuse de l'autre à travers son cerveau.

La transmission directe de pensée est le plus parfait de tous les langages et le seul qui exprime absolument les idées. Les hommes entraînés peuvent arriver à recevoir par ce moyen des communications des esprits supérieurs, mais alors la pensée se revêtant dans leur cerveau physique de sa forme accoutumée, ils ont l'illusion d'entendre parler leur propre langue. Si plusieurs hommes de nationalités différentes reçoivent la même communication au même moment, chacun croit la recevoir dans la langue qu'il parle. Les vies de saint François Xavier et de saint

Antoine de Padoue offrent même un phénomène plus curieux encore : ces saints parlant leur propre langue devant une assemblée d'étrangers qui ne connaissaient que la leur, se virent compris par ces étrangers, qui croyaient entendre leur propre idiome.

Il est un type de rêve assez fréquent et que presque chaque homme doit avoir fait une fois en sa vie, mais qui exige quelque attention pour être remarqué et qui est de nature à nous faire comprendre un peu ce phénomène. On parle avec un étranger, dans une langue inconnue, cependant on comprend les paroles de cet étranger, et bien mieux on entend avec étonnement ses propres paroles résonner dans cette langue inconnue. Le sentiment d'étonnement que l'on éprouve généralement pendant ce rêve, indique qu'il s'agit là, non d'un rêve mais d'une véritable vision.

Notre langage articulé est en somme une matérialisation de la communication directe de pensée. Notre langue est un progrès, et ce progrès donne la mesure du progrès général de l'humanité. Car le progrès consiste simplement et uniquement à matérialiser sur le plan physique les connaissances que nous tenons de l'invisible. Du seul fait que nous possédons un corps céleste, il résulte que nous avons la connaissance infuse, mais cette connaissance, nous ne pouvons la faire passer dans nos cerveaux physiques ; il nous faut la matérialiser peu à peu ; il nous faut « cultiver notre jardin à la sueur de notre front ». En un mot, le progrès consiste à faire passer nos connaissances de l'inconscient dans le subconscient, et du subconscient dans la conscience physique. Et l'inconscient c'est tout ce dont nous sommes conscients sur les plans invisibles, mais dont notre cerveau physique est inconscient.

* *Hommes évolués*

Enfin, le plan céleste est encore habité par les âmes des hommes qui ont achevé leur évolution et qui sont réintégrés.

* *Divisions du plan céleste*

Nous pouvons diviser le plan céleste en supérieur, moyen et inférieur, et subdiviser de même chaque partie en trois autres.

La partie supérieure du plan céleste supérieur nous échappe absolument. Nous n'y distinguons rien. Pour nous c'est l'infini. La partie inférieure du plan céleste supérieur est le séjour des sept assistants que l'Église catholique appelle les sept archanges : Michaël, Raphaël, etc. Ces personnifications sont symboliques, se sont en réalité les sept groupes de puissances les plus élevées qu'il nous soit possible de concevoir.

Dans cette même partie sont les âmes humaines qui ont dépassé le Royaume et qui sont entrées dans l'évolution supérieure dont nous n'avons aucune idée. L'homme en effet, comme nous l'avons dit, est chargé d'évoluer tous les plans, jusqu'au plan céleste exclusivement. C'est là proprement l'évolution humaine. Mais arrivée là, l'âme ne s'arrête pas: elle pénètre dans le plan céleste, rompt définitivement avec le cycle des réincarnations et commence une évolution nouvelle.

Le plan céleste moyen contient les différents séjours de béatification qu'on appelle les Paradis. Le plan inférieur contient le Royaume. Il comprend aussi des anges du dernier degré de la hiérarchie, et des âmes humaines qui viennent de rompre avec le cycle des réincarnations.

Enfin, la partie la plus basse du plan céleste inférieur, et qui sépare ce plan du mental, constitue une partie à part que l'on nomme les limbes, c'est-à-dire la bordure (limbus). Les limbes ne méritent pas d'être considérées comme un plan particulier, mais cependant elles forment une région distincte du plan céleste et du plan mental tout à la fois. D'une part les êtres qui habitent cette région ne peuvent pas pénétrer dans le plan céleste, et d'autre part ils sont trop au-dessus du plan mental proprement dit pour pouvoir être considérés comme lui appartenant.

Les théologiens ont voulu faire des limbes le séjour des enfants morts sans baptême. Puis au cours du siècle dernier, après bien des hésitations, ils ont fini par admettre que tous les hommes appartenant à d'autres cultes que la religion catholique ne seraient pas nécessairement condamnés aux flammes éternelles, et que certains d'entr'eux, des plus vertueux, seraient également admis dans les limbes. Tout ceci est de l'enfantillage.

Les limbes sont habités par des êtres puissants dont nous aurons à parler longuement par la suite et que nous ne faisons ici qu'énumérer. D'abord les dieux révérés par le paganisme, et parmi eux les Élohim des Hébreux. Ici il convient de dissiper une équivoque sur ce mot d'Élohim. Les Élohim mentionnés dans la *Genèse* sont des esprits supérieurs, véritable représentation de Dieu, créés antérieurement aux anges et postérieurement à la Vierge, qui ont, suivant la Genèse, créé le monde et Adam. Ces Élohim habitent le plan céleste supérieur. Mais il ne faut pas oublier que les Hébreux, malgré la révélation de l'unité divine qui leur fut faite, étaient au fond aussi païens que les peuples voisins et avaient comme eux leurs dieux particuliers. Seulement ils s'avisèrent de décorer ces dieux du nom d'Élohim, et c'est de ces pseudo-Élohim que nous parlons ici.

Ensuite, on rencontre encore dans les limbes :

- les âmes des mondes,
- les esprits planétaires,
- l'Adversaire,
- Le Prince de ce monde.

Nous aurons particulièrement à parler par la suite de ces deux derniers êtres.

Plan mental

Le plan mental contient des idées, qui sont elles aussi des êtres vivants. Les unes datent de la création et peuvent se nommer idées primordiales ; les autres résultent simplement de l'arrangement des idées primordiales entre elles, ce sont les idées secondaires.

L'homme ne crée pas les idées, il se borne à les grouper entre elles différemment, et va les chercher sur le plan mental.

En outre des idées, le plan mental renferme encore certains êtres particuliers.

* *Des génies*

Les génies sont des esprits immortels qui présentent une grande diversité. Les uns sont beaucoup plus puissants que nous, d'autres le sont moins. Un trait commun caractérise toutes les espèces de génies : tous ils ignorent l'existence du plan céleste. Il est aussi impossible à un génie de percevoir le plan céleste qu'il est impossible à un homme de percevoir de la matière infraphysique. Tandis que l'homme souffre d'être exilé du plan céleste, le génie n'en éprouve aucune tristesse, puisque ce plan est pour lui inexistant.

Nous divisons les génies par rapport à nous en bons et mauvais. C'est une division tout à fait relative à nous, car nous appelons bon ce qui nous est utile, et mauvais ce qui nous est nuisible. Si les animaux avaient à juger l'homme, il est probable que le chien considèrerait l'homme comme un être bon, et que le lièvre le considèrerait comme un être mauvais. Les génies sont en réalité des êtres différents de nous, suivant leur évolution particulière et faisant leurs affaires personnelles, comme nous faisons les nôtres. Ceux qui par leurs occupations nous font du bien sont ceux que nous appelons bons, ceux qui par leurs occupations nous nuisent sont ceux que nous appelons mauvais.

Au-dessous des génies se trouvent les « esprits des éléments » ou « esprits élémentaires » (Ne pas les confondre avec les élémentals). Ils se divisent en quatre classes suivant l'élément qu'ils régissent :

- esprits du feu ou *salamandres*,
- esprits de l'air ou *sylphes*,
- esprits de l'eau ou *ondins*,
- esprits de la terre ou *gnomes*.

Parmi les sylphes se trouvent les fameux esprits atmosphériques des théologiens, et parmi les salamandres bon nombre de leurs diables.

Ces esprits ont fait l'objet d'une fable célèbre autant qu'erronée de l'abbé de Villars. Dans son ouvrage intitulé *Le comte de Gabalis,* cet auteur raconte que ces esprits sont mortels, mais peuvent acquérir l'immortalité en contractant des mariages avec l'espèce humaine. L'abbé de Villars représente ces esprits comme presque semblables aux anges, beaux, nobles, puissants, intelligents, purs, et décrit ces mariages singuliers sous les couleurs les plus poétiques. Mais c'est là une fiction aussi erronée que dangereuse. D'abord il est inexact de dire que les esprits élémentaires soient mortels, ils sont parfaitement immortels. Il est non moins faux de croire que l'homme puisse transférer l'immortalité à quelque autre créature. Dieu seul peut transférer l'immortalité. Quant aux prétendus mariages possibles dont parle l'abbé de Villars, ce sont les abominations de l'incubat et du succubat. Les hommes ressemblent toujours aux enfants en ce sens que chacun d'eux est très fier de pouvoir faire quelque chose que les autres ne font pas : entrer en communication avec l'invisible a toujours été pour cette raison un objet de leurs désirs ; ils ont en même temps brodé des fictions poétiques autour de cette idée, et cherché à représenter ces communications comme quelque chose de surnaturel et d'admirable, plaçant celui qui en est favorisé au-dessus du commun des mortels. La réalité est infiniment moins poétique, les communications que les humains parviennent à établir avec des « esprits » n'ont généralement rien d'honorable du tout pour ceux qui en sont l'objet. Pour se faire une idée nette de nos rapports avec les êtres de l'invisible, ce n'est pas sur des romans ni même sur des « traités d'occultisme » qu'il faut s'exalter l'imagination ; c'est dans les œuvres des mystiques, gens de sang froid, qui voient la réalité comme elle est, et qui la disent comme ils la voient, que l'on trouvera les meilleurs renseignements [1].

Ajoutons que les génies de toute espèce jouent un grand rôle dans les opérations magiques.

---

1. À l'appui de ce que nous avançons, voici le récit de phénomènes d'incubat dont nous avons connaissance : une dame ayant lu l'ouvrage de l'abbé Villars se laissa enthousiasmer et rêva d'évoquer pour le voir de plus près, un de ces êtres invisibles et merveilleux. Elle se mit donc à réciter l'oraison des salamandres en faisant une sorte de prière jaculatoire, en faisant appel à l'être invisible. À sa grande déception rien ne lui répondit, aucune espèce de phénomène ne se produisit.

À deux jours de là, comme elle venait de se coucher, elle sentit soudain son drap se soulever et une forme humaine se glisser dans son lit. Épouvantée, elle se hâta de faire la lumère et ne vit rien. Elle éteignit et le même phénomène se reproduisit, elle se sentit enlacée tandis qu'une voix lui disait : tu m'as appelé, me voilà. La dame apeurée, quoique secrètement satisfaite d'avoir réussi son expérience essaya vainement de toucher la forme qu'elle sentait près d'elle, ses mains ne rencontraient que le vide. Pour ce soir-là, il n'y eut pas d'autre phénomène. Mais la même scène se renouvela la nuit suivante puis toutes les nuits, et le détail de ce qui suivit n'est plus narrable hors de la consultation médicale. Il y eut incubat, et succubat, il y eut même violence. Bientôt la malheureuse victime, hantée, obsédée, en proie à un dégoût et à un écoeurement gran-

* *Des fées, des nymphes*

Les fées et les nymphes sont des êtres invisibles appartenant à peu près à la même classe que les génies, et habitant comme eux le plan mental, mais qui se mêlent beaucoup plus volontiers que les génies aux actes de l'existence de l'homme, ce qui explique l'importance que ces êtres tiennent dans les anciennes légendes.

Les fées et les nymphes sont généralement bienfaisantes et favorables à l'homme.

Ces êtres, les nymphes surtout, ont joué un rôle énorme et entièrement inconnu dans l'établissement des religions, et notamment dans l'établissement de la religion chrétienne. Il ne faut pas s'imaginer que les nymphes appartiennent nécessairement au paganisme parce que l'antiquité païenne les a particulièrement connues. Elles sont de toutes les religions et si un grand nombre d'entre elles sont païennes, beaucoup sont chrétiennes.

Le Verbe du Christ est universel et n'a pas été proféré seulement pour les hommes (Évangile de saint Jean : « *J'ai encore d'autres troupeaux a ramener au bercail* ») mais pour toutes les créatures. La religion d'amour et de charité s'applique aussi bien aux êtres de l'invisible qu'aux hommes. Faut-il s'en étonner d'ailleurs, alors que la théologie catholique elle-même admet que l'Église se compose pour partie des hommes incarnés (Église militante) et pour partie d'invisibles, soit habitants

---

dissant, l'esprit perpétuellement hanté d'obscénités et de turpitudes sans nom, violentée et frappée quand elle essayait de résister, tomba dans un abattement profond et devint réellement malade. C'est alors qu'elle vint nous consulter. Il nous fut heureusement possible de la délivrer et elle retourna dans son pays, guérie, mais dégoûtée à jamais de son envie d'évoquer les salamandres. Le secret professionnel nous oblige naturellement à ne pas préciser davantage les circonstances de cette histoire.

du purgatoire (Église souffrante), soit habitants du Paradis (Église triomphante).

* *Des dryades et hama-dryades*

À proprement parler ce sont les esprits des chênes, mais nous généraliserons le terme et désignerons sous ces noms les esprits des plantes. Les dryades sont des esprits libres qui peuvent s'écarter plus ou moins du végétal qui leur sert d'habitat. Les hama-dryades, au contraire, sont unis si étroitement au végétal que celui-ci leur sert de corps physique et que l'hama-dryade meurt quand on tue le végétal. Si ce meurtre a eu lieu dans un but utile, tout est bien, mais s'il a été fait par méchanceté, ou sans raison, les dryades peuvent venger leur sœur. Les anciennes légendes sont pleines d'histoires de ce genre.

Les dryades et les hama-dryades sont des amis de l'homme, qui les recherchent volontiers, mais ce sont des esprits craintifs et sauvages, qu'il faut savoir apprivoiser. En général on peut dire que quand on aime les plantes, leurs esprits invisibles vous le rendent et vous sont bienfaisants. L'ami des arbres dans une forêt y puise des fluides plus vivifiants que celui qui est indifférent aux végétaux. Le poète qui se recueille et qui fait des invocations aux arbres, sent l'inspiration descendre du ciel et entend tous les esprits de la forêt lui parler. Souvent il nous est arrivé de guérir de graves maladies en ordonnant simplement au malade le séjour prolongé des bois, près des sources, dans les lieux où les ondins, les nymphes et les hama-dryades se rencontrent ensemble. Même dans nos villes, ne voit-on pas parfois une plante prospérer quand elle est entre les mains d'un homme qui la soigne avec amour, et dépérir aux mains d'un indifférent, qui cependant lui donne une bonne exposition et l'arrose régulièrement. La plante reviendra à la vie et à la santé, si elle se retrouve entre les mains de son précédent propriétaire.

Il y a entre les plantes et les hommes des traités d'amitié qu'on ne soupçonne pas.

Robert Fludd donnait la recette suivante pour guérir certaines maladies, qui est fondée sur cette sympathie avec les végétaux : prendre une pyrite ordinaire (pyrite martiale), la laisser séjourner une nuit sous le chevet du malade, puis la réduire en poudre ; mêler cette poudre à de la terre et y planter un grain de chènevis. À mesure que le chènevis poussera, la maladie disparaîtra.

L'affinité entre les esprits des plantes et des hommes est la base de la médecine des simples et même de l'homéopathie. Mais pour que la médication des simples produise quelque effet, il faut que les plantes soient fraîches, que le médecin les cueille et les prépare lui-même à l'intention du malade, ajoutant ainsi les forces de son magnétisme personnel aux forces de la plante. C'est pourquoi on trouve encore dans les villages des empiriques et des vieilles femmes qui connaissent par tradition les vertus des simples, et qui, par des moyens dont les médecins se moquent, réalisent parfois des cures étonnantes. Personnellement nous avons vu dans l'île d'Haïti des villages entiers, privés de tout médecin, dans lesquels la population était soignée par quelque vieille négresse au moyen de simples, et où les maladies guérissaient tout aussi régulièrement et sûrement, si ce n'est plus, qu'au milieu de nos capitales où l'on dispose de toutes les ressources de la science.

Dans la préparation des remèdes homéopathiques, on opère par dilutions successives, au 1/10, au 1/100, au 1/1000, au 1/10000 par exemple. Quand on a fait dix ou vingt dilutions, il est bien certain que le remède a disparu, on n'a plus que de l'eau, mais on a dynamisé l'eau. L'hama-dryade de la plante a communiqué à l'eau les propriétés de la plante même.

Malheureusement l'efficacité de ces préparations est complètement annulée par l'action d'un intermédiaire malheureux : le pharmacien. Le pharmacien homéopathe, comme tout pharmacien, est obligé d'avoir des approvisionnements. Ne pouvant avoir des plantes fraîches, il en fait des teintures en les faisant macérer dans l'alcool. Or l'alcool tue tout ce qu'il touche. Les hama-dryades sont mortes et l'effet de la teinture est purement illusoire.

Signalons enfin, en passant, la solidarité mystérieuse qui unit ensemble les destinées d'un certain homme avec certain végétal, et qui fait que si l'arbre dépérit ou meurt, l'homme tombe malade et peut périr lui-même. Plusieurs auteurs ont étudié ces sympathies occultes.

* *Des lutins et farfadets*

Ce sont des êtres toujours mauvais et qu'il faut fuir. Les uns sont faciles à fuir parce qu'ils sont casaniers et qu'on peut leur échapper en quittant l'endroit qu'ils hantent. D'autres au contraire vous poursuivent et il faut recourir à des procédés spéciaux pour se débarrasser de leurs obsessions.

Dans le plan mental se trouvent encore deux régions très particulières à signaler : l'arbre de la science et le Devachan.

* *De l'arbre de la science*

L'arbre de la science est naturellement situé dans le plan mental. Sa conquête symboliquement contée dans un si grand nombre de récits anciens est possible à l'homme, mais non nécessaire. L'homme peut évoluer normalement jusqu'au plan céleste sans avoir essayé de conquérir l'arbre de la science. Cependant, cette conquête, pénible, laborieuse, et qui nécessite préalablement la domination complète du plan astral, n'est pas sans agréments ni sans avantages ; et il est à souhaiter que quelques hommes s'y efforcent toujours pour en faire bénéficier le reste de l'humanité.

* *Du Devachan*

Le Devachan est le nom que les théosophes hindous donnent à une sorte de paradis temporaire, de lieu de repos entre deux incarnations.

Le paradis proprement dit est situé comme nous l'avons vu dans le plan céleste. C'est là que pénètre l'homme qui a terminé le cycle d'évolution auquel il est soumis aujourd'hui et qui commence un cycle d'évolution nouveau. Mais au dessous de ce paradis, il existe des paradis barbares, des lieux de repos temporaires (Champs-Élysées, Devachan, etc.) qui sont situés dans le plan mental [2].

C'est au Devachan que font allusion de nombreuses légendes (légendes de Philémon et Baucis, légende du Bonhomme Misère [3], légende du bon curé, contée par Biroy de Verville, etc.) qui font l'apologie de la charité et donnent accès au paradis

2. Il y a plusieurs demeures dans la maison de mon Père.

3. Voici la légende du bonhomme Misère telle que nous l'avons reçue nous-même par tradition directe dans les veillées : cette légende qui s'est fixée vers le XIVe ou XVe siècle a bien été écrite dans un recueil, mais défigurée.

Misère était un pauvre homme qui ne possédait pour tout bien qu'une petite cahute, un jardinet devant et un oranger dans son jardinet ; il vivait fort misérablement en cultivant son petit jardin mais sans cependant s'estimer malheureux. Un soir, à la nuit tombante, trois voyageurs viennent frapper à sa porte et demander l'hospitalité : la route est longue, la ville lointaine, ils ont faim et sont fatigués. «*Ma foi*, répond Misère, *je n'ai pas grand chose à vous offrir, il ne me reste pour souper qu'une croûte de pain dur, la voilà ; pour dormir j'ai une botte de paille fraîche que je vous offre, et je saurai m'arranger dans ma grange. Si vous voulez* à un individu qui a eu un acte de charité dans sa vie, en dépit d'une existence peu recommandable. C'est en effet que la charité, c'est-à-dire l'amour, est la clef du paradis. Il est impossible a un homme qui a un sentiment charitable d'entrer dans l'enfer (nous prenons bien entendu l'enfer des théologiens comme un symbole et non pas comme une réalité). L'homme charitable ne

---

bien vous contenter de cela, je vous l'offre de bon cœur.» Les voyageurs acceptent avec plaisir, partagent le pain dur, s'étendent sur la paille, pendant que Misère va coucher au dehors de sa pauvre baraque. Le lendemain, Misère levé le premier s'informe auprès de ses hôtes s'ils ont bien passé la nuit. « *La nuit a été excellente lui disent ses hôtes et nous voulons te récompenser: formule tes désirs, nous t'accorderons chacun un souhait !* » Et les trois voyageurs qui ne sont autre que Jésus-Christ, saint Pierre et saint Jean, attendent que le vieux Misère qui réfléchit en se grattant la tête formule ses souhaits. «*Eh bien ! d'abord je veux que tous ceux qui monteront sur mon oranger ne puissent pas en descendre sans ma permission ; il y a assez longtemps qu'on me vole mes oranges.*» Accordé. « *Malheureux*, souffle saint Pierre, *demande donc à entrer au Paradis.* » «*Je demande encore que celui qui s'assiéra sur cet escabeau ne puisse se lever sans ma permission.*» Accordé. « *Et le Paradis, le Paradis* souffle saint Pierre navré, *tu n'as plus qu'un vœu à formuler.* » «*Eh bien, je veux un jeu de cartes qui gagnent toujours.*» Accordé.

Et voilà le bonhomme Misère qui court le monde, qui devient prodigieusement riche avec son jeu de cartes et qui mène une vie aussi joyeuse que peu exemplaire. Vient son heure dernière. La mort vient. «*Je suis prêt à partir,* dit le bonhomme, *mais avant je voudrais bien manger une dernière fois une orange de mon oranger. Je suis vieux et cassé, rends-moi donc le service d'aller me la cueillir sur l'arbre.*» « *Volontiers* » dit la mort qui monte sans défiance sur l'arbre et soudain ne peut plus redescendre. Elle a beau s'agiter, s'efforcer, tout est vain et elle ne peut enfin s'échapper que quand Misère la délivre moyennant promesse de cent ans d'existence supplémentaire. Voilà Misère qui pendant cent ans recommence à courir le monde, gagner de l'or et mener joyeuse vie jusqu'au jour où la mort vient lui faire une nouvelle visite. « *Cette fois, tu sais, tu ne m'attraperas plus.* » «*Et je ne veux pas non plus t'attraper, car je suis prêt à partir ; assieds-toi seulement une minute sur*

peut jamais être un mauvais homme et être condamné, il peut seulement errer, se tromper, faiblir.

Mais cependant il est certain qu'un être qui n'a qu'un acte de charité à son actif et n'est pas évolué ne peut pas parvenir jusqu'au plan céleste, jusqu'au Paradis définitif. Il ira alors en Devachan, revêtu encore de son corps mental auquel il est fortement lié. Là il se reposera, s'éclairera au contact de la vertu, prendra des forces et se réincarnera enfin pour accomplir une existence nouvelle, meilleure que l'ancienne. Les personnes qui

---

mon escabeau pour te reposer, et je te suis.» [La mort] sans défiance s'asseoit, et la voilà prisonnière, et la voilà encore obligée d'accorder un sursis à Misère. Mais le nouveau délai de cent ans s'écoule comme l'ancien, et cette fois la mort ne dit plus rien, elle saisit Misère par les cheveux et l'emporte.

Voilà Misère qui va frapper à la porte du Paradis. « *Comment drôle, lui* dit saint Pierre, *tu as l'audace de te présenter ici, toi qui a passé ta vie à te charger de péchés, toi qui n'a pas songé à ton âme, ni à la vie éternelle lorsque nous t'avons accordé tes trois vœux, passe ton chemin*. » Et le pauvre Misère dépité s'en va frapper au Purgatoire, mais là on le met pareillement à la porte.

Alors tête basse et à contre cœur, il prend le chemin de l'enfer. C'est le grand diable d'enfer qui le reçoit : « *Ah ça,* dit-il, *ne serais-tu pas par hasard le bonhomme Misère* ? » «*Mais oui tout justement.*» « *Eh bien, tu peux t'en aller, nous n'avons que faire ici de toi. Et d'abord avec ton jeu de cartes, tu nous gagnerais tout le temps, merci. Va où tu voudras mais sors d'ici.* »

Et de plus en plus désorienté, le pauvre bonhomme Misère retourne au Paradis pour essayer de parlementer avec saint Pierre. « *Je te dis que c'est inutile d'insister* lui dit saint Pierre. » *Ah ! mais vous faites bien des difficultés* répart Misère. *Tu ne veux pas me laisser entrer et pourtant moi j'ai fait moins de façon pour te donner l'hospitalité. Ai-je hésité à t'offrir ma croûte et ma botte de paille ? Peux-tu me rendre aujourd'hui la pareille ?*» Saint Pierre embarrassé, hésite, mais Jésus qui passait par là et avait entendu la scène, lui dit : « *Cet homme a raison, il nous a donné de bon cœur et sans arrière-pensée ce qu'il possédait, aujourd'hui il doit recevoir la récompense de sa bonne action. Laissez-le entrer*. »

n'admettent pas les réincarnations peuvent également admettre qu'après son repos en Devachan l'individu passera au Purgatoire, c'est-à-dire se purifiera assez pour pouvoir mourir au plan mental et entrer dans le plan céleste. La mort au plan mental (analogue à la mort au plan physique) consiste à dépouiller le corps mental, et entraîne une souffrance, car la séparation d'avec un de nos corps entraîne toujours la souffrance.

PLAN KAMIQUE ET PLAN ASTRAL

Ces deux plans se ressemblent assez pour pouvoir être étudiés simultanément ; on pourrait presque les considérer comme deux étages superposés d'un même plan. On peut cependant noter entre eux cette différence essentielle : le plan kamique est le plan des sentiments, et le plan astral est le plan des forces.

Nous nous bornerons à dire un mot des principaux habitants de ce plan, les élémentals.

Les élémentals sont des êtres (qui ne méritent pas le nom d'esprits, puisqu'il n'y a pas d'esprit en eux) très mal connus. Ce sont des êtres raisonnants, composés uniquement de matière kamique ou de matière astrale. Leur intelligence est généralement inférieure à celle de nos animaux terrestres, mais quelquefois cependant elle leur est supérieure. Les élémentals sont tous mortels. Ils se divisent en élémentals naturels et élémentals artificiels. Les élémentals naturels se divisent eux-mêmes en grands élémentals, habitant le plan kamique, et petits élémentals, habitant le plan astral.

Il faut distinguer avec soin les élémentals des faux élémentals trop souvent confondus avec eux. Certains esprits, et notamment les esprits élémentaires viennent habiter très volontiers les plans kamique et astral, et y séjourner longuement en se revêtant de la matière propre à ces plans ; si bien que les « voyants » inexpérimentés les confondent parfois avec les élémentals. De là aussi l'erreur de l'abbé de Villars qui considère les esprits des éléments comme mortels. Les esprits élémentaires sont sans doute mortels pour le plan astral, comme nous pour le plan physique, en ce qu'ils sont obligés de le quitter à un moment donné en abandonnant leur corps astral, mais leur personnalité appartient au plan mental et est immortelle. Au contraire, l'élémental est mortel en ce sens qu'il n'a pas d'âme et que lorsqu'il meurt, il se dissout tout entier. Une autre erreur, dans laquelle sont tombés certains occultistes, est de considérer les élémentals comme des « aspirants à l'humanité », des êtres en voie d'évolution qui doivent devenir des hommes un jour. C'est une erreur pour cette bonne raison qu'il n'existe pas dans le visible ou dans l'invisible un seul être qui soit aspirant à l'humanité, pas plus les élémentals que les animaux terrestres auxquels on a voulu donner quelquefois ce titre. L'élémental y aurait même moins de droits que l'animal puisqu'il ne possède qu'un corps kamique ou astral, tandis que l'animal possède un corps physique, un corps astral, un corps kamique et un corps mental.

Les grands élémentals [sont] des générateurs de force : c'est là leur principale fonction. Ils agissent sur l'éther du plan physique et lui transmettent l'énergie, sorte de potentiel qui peut ensuite se réaliser en une quelconque des forces élémentaires. La physique moderne tend à démontrer que la forme supérieure et primitive de l'énergie, celle dont dérivent les autres, c'est l'électricité. Aussi les élémentals produisent-ils des phénomènes électriques violents. L'approche d'un élémental provoque des décharges électriques. Les grands élémentals sont pour nous des êtres assez redoutables parce qu'ils manient des forces formidables.

Les petits élementals qui offrent toutes les forces, depuis celles que nous pourrions appeler microscopiques, jusqu'à une dimension moyenne, sont les ouvriers et les messagers de l'astral ; tout se fait par leur industrie. Nous aurons l'occasion de les étudier plus longuement. Tels sont les élémentals naturels, mais il existe aussi des élémentals artificiels qui sont générés par l'homme, en pensant, en parlant, en agissant. Un homme volontaire, actif, intelligent et bon, génère des élémentals très puissants. Un homme mou, lâche, alcoolique, génère de petits élémentals gluants, visqueux, dont le contact pour les sensitifs est extrêmement désagréable [4].

Les foules produisent des élémentals qui sont très malléables : celui qui sait s'en emparer devient maître de la foule et la dirige où il veut. Ces élémentals ont aussi un caractère offensif qui les rendent désagréables aux sensitifs ; ceux-ci se trouvent mal dans les foules et y prennent quelquefois des congestions cérébrales causées par l'action de ces élémentals. Il y a des élémentals de solitude, dont l'action sur l'homme produit l'agoraphobie et toutes les phobies en général.

Tous ces élémentals engendrés par l'homme sont, suivant l'expression des théosophes, kama-manasiques, parce qu'ils émanent surtout de kama-rupa et d'une faible partie de manas.

Les élémentals engendrés par les foules forment une entité collective, qu'Eugène Nus a admirablement devinée en assistant aux phénomènes du spiritisme, et qu'il appelait un être collectif. Ces êtres collectifs sont très importants parce qu'ils sont la base de ces entités puissantes (et si mal connues encore des occultistes) que nous étudierons plus tard, sous le nom d'eggrégores.

Une classe particulière des élémentals kama-manasiques, bien connue, est la classe des larves, êtres ignobles, hideux et

4. Certaines maisons closes sont particulièrement remplies de ces élémentals ; de là l'impression désagréable qu'on y éprouve.

malfaisants, engendrés ordinairement par les mauvaises passions, les vices et les péchés des hommes. Les larves peuvent être engendrées soit par un individu isolé, soit par une collectivité [5].

En outre des élémentals, le plan kamique renferme encore les désirs, les passions, qui sont des êtres vivants, des hommes encore peu évolués. (Il contient même des paradis sauvages.) On y trouve enfin le karma.

Le plan astral contient les clichés astraux, les images astrales, et une série de monstres variés, appartenant aux élémentals et aux larves. Ces monstres infernaux font la terreur de l'homme dans ses mauvais rêves, dans certaines visions ou apparitions, etc. Ils sont aussi la torture de ceux qui meurent et entrent en astral avec une conscience impure et bourrelée : ces malheureux sont réellement très à plaindre.

Parmi ces monstres figure aussi le cauchemar que constitue un être particulier tourmentant les humains pendant leur sommeil. On appelle communément cauchemar tout mauvais rêve ;

---

5. Il existe une variété innombrable de larves, personnellement nous pourrions en décrire et dessiner des centaines de types, nous en présenterons seulement trois types principaux. (trois dessins en couleur accompagnaient cette conférence.)

- La première est le type de la larve d'aboulique gluante, visqueuse, avec son ventre ballonné de noyé, verdâtre et purulent, ignoble [qui] donne une sensation de dégoût prononcée.
- La seconde est le type du péché. Le dessin représente la larve double de la luxure et de l'ivrognerie.
- La troisième est une forme semi-larvaire à tête de génie. C'est une larve assez désagréable qui depuis six à sept ans s'est assez multipliée dans certains groupes. C'est ce que nous nommons *l'envoyé de Barthélémy*. (Barthélémy est un génie dont nous aurons à reparler.)

Leadbeater a très bien vu et décrit les larves avec leurs couleurs. Mais avant lui Catherine Emmerich les avait déjà ›décrites. Elle en voyait, disait-elle, souvent dans les églises.

c'est un abus de mots. Le cauchemar a un caractère tout à fait spécial et son trait distinctif, c'est que quand on fait un cauchemar on a la sensation d'être lié.

PLAN PHYSIQUE ET PLAN INFRAPHYSIQUE

Le plan physique est suffisamment connu.

Il a existé autrefois, au début de la création, un septième plan situé au-dessous du plan physique. C'était le chaos, le tohou bohou, c'est-à-dire la matière sans âme, sans énergie inter-atomique, dont tous les atomes se touchaient.

Ce plan a presque complètement disparu à l'heure actuelle ; il n'en reste que des vestiges. Ces vestiges sont aussi invisibles pour nous, ainsi que nous l'avons précédemment expliqué, que les plans supérieurs au nôtre [6].

---

6. Notons que chaque plan a une importance ou une étendue plus ou moins grande que celle du plan inférieur. Le plan astral est plus grand que le plan physique ; le kamique plus vaste que l'astral, etc.

IV

DES DIFFÉRENTS CORPS DE L'HOMME

Généralités et divisions

Les théologiens ne veulent voir dans l'homme qu'un corps et qu'une âme. Nous pouvons adopter en gros leur définition pour ne pas changer le sens du mot âme que tout le monde comprend (et ne pas créer comme certaines écoles des confusions entre âme et esprit) et dire que l'homme se compose d'une âme et de plusieurs corps. L'âme est la partie immatérielle de l'être humain (c'est le souffle de Dieu). C'est l'esprit des théosophes.

Quant aux corps qui enveloppent l'âme et la revêtent, ils sont faits de la matière des différents plans matériels. L'âme est donc revêtue d'un corps céleste, revêtu lui-même d'un corps mental, revêtu d'un corps kamique, revêtu d'un corps astral, revêtu enfin d'un corps physique.

Tous nos corps, excepté le corps céleste, sont destinés à être abandonnés successivement. Nous mourons au plan physique pour passer sur le plan astral, nous mourons au plan astral pour passer sur le plan kamique, nous mourons au plan kamique pour passer sur le plan mental, et nous mourons au plan mental pour passer sur le plan céleste.

Toutefois ces morts successives ne se font pas dans les mêmes conditions, et à ce point de vue, une distinction importante doit être faite parmi nos différents corps.

L'homme pour accomplir son évolution jusqu'au plan céleste est normalement obligé de se réincarner un grand nombre de fois (sur le plan physique). Après chaque existence physique, il meurt et passe en astral, puis se dépouille encore successivement de son corps astral et de son corps kamique. Puis il se réincarne en prenant un nouveau corps kamique, un nouveau corps astral et un nouveau corps physique, mais en gardant son même corps mental. À chaque incarnation, les trois corps les plus inférieurs changent, mais le corps mental persiste toujours. Ce n'est que lorsque notre évolution est terminée, lorsque nous avons échappé au cycle des réincarnations, que nous nous dépouillons enfin du corps mental pour pénétrer vêtu du seul corps céleste dans « le Royaume ». Pour employer le langage druidique, nous quittons alors le cercle d'Abred pour entrer dans celui de Givienfud.

Nos corps se divisent donc en deux groupes :

Corps céleste Corps mental	Corps essentiels
et	
Corps kamiques Corps astral Corps physique	Corps adventices

Nous évoluons sur chaque plan le corps particulier que ce plan nous prête. Le corps physique, quand nous le dépouillons, retourne tout évolué grossir la masse de matière physique, et contribue à son évolution. De même de chacun des autres corps. Et c'est ainsi que l'homme arrive à évoluer les plans qu'il a la charge d'évoluer, c'est-à-dire « à cultiver son jardin ». C'est en vertu de cette même loi qu'est établie une solidarité absolue entre tous les hommes, que chacun aide au progrès de tous, et tous au progrès de chacun. C'est pourquoi le premier devoir de l'homme est d'aimer son semblable, et aussi de s'aimer lui-même, car il doit chercher aussi bien dans son propre intérêt que dans l'intérêt général à donner à chacun de ses corps la plus grande perfection possible, et s'efforcer de persuader ses frères d'en faire autant.

Tous nos corps réagissent les uns sur les autres. Le corps céleste reçoit directement l'action de l'âme ; le corps mental ne la perçoit que par l'intermédiaire du corps céleste, le corps physique ne la perçoit que par l'intermédiaire de tous les autres corps, et très affaiblie par conséquent. Aussi le corps physique est-il celui qui se détache de nous le plus facilement. Il ne dure guère qu'une centaine d'années au plus. Le corps astral résiste déjà mieux ; nous vivons normalement sur le plan astral plus longtemps que sur le plan physique, et ainsi de suite.

Quant au corps céleste, il dure toujours et ne disparaît jamais. Nous ne l'appellerons pas pour cela immortel parce que nous réservons ce qualificatif d'immortel à ce qui ne meurt pas et ne change jamais. Or, les corps célestes changent perpétuellement. On sait que notre corps physique se renouvelle perpétuellement par un double mouvement d'assimilation et de désassimilation. La forme du corps subsiste, mais sa matière change, de même que les tourbillons du Niagara restent identiques à eux-mêmes depuis des siècles, bien que composés incessamment de nouvelles gouttes d'eau. Il en est de même de tous les corps de l'homme, y compris le corps céleste. Nous dirons donc que nous le conservons éternellement, mais qu'il n'est pas immortel [7].

---

7. Nos corps sont d'autant plus grands qu'ils sont plus raréfiés : l'astral est plus grand que le physique, le kamique plus grand que l'astral, le corps céleste est immense et embrasse des espaces presque infinis. Les corps invisibles débordent autour du corps physique et forment ce qu'on appelle l'aura, qu'il ne faut confondre avec l'atmosphère fluidique.

Corps céleste

L'union du corps céleste et de l'âme est indissoluble parce qu'elle date de l'acte même de la création : Dieu a soufflé une âme dans la matière céleste.

Le corps céleste nous met en communication continuelle avec le plan céleste et nous permet d'en entendre les conseils, d'en ressentir les influences. D'une manière générale, chaque corps nous met en rapport avec le plan correspondant. On est surpris tout d'abord que cette communication puisse exister sans que nous en ayons conscience, sauf de très rares exceptions, mais cela tient simplement à ce que le champ de la conscience est accaparé par le corps le plus inférieur, qui est aussi le plus exigeant [8]. Toutes les perceptions que nous recevons du corps céleste ne sont pas perdues pour cela ; elles s'emmagasinent dans l'inconscient et en sortent souvent inopinément sous forme de voix de la conscience, de lumière nouvelle, de décision brusque, etc., suivant que les dispositions du moment soient plus ou moins favorables à leur manifestation.

L'union de l'âme et du corps céleste constitue ce que les théosophes appellent leur moi supérieur. L'âme seule, c'est le moi, sans qualificatif.

Le corps céleste appartient exclusivement aux hommes et aux anges. Aucun autre être vivant dans notre création actuelle n'en possède.

---

8. Une projection lumineuse faite sur un transparent est vue nettement par des spectateurs placés de l'autre côté du transparent s'ils sont dans l'obscurité. Elle est vue vaguement si les spectateurs sont dans un demi-jour. Elle n'est pas vue du tout s'ils sont placés dans une lumière intense, et cependant l'image n'en existe pas moins. Il en est ainsi des projections que nous envoie le plan céleste. Dans un brouhaha de conversations, nous entendons celle-là seulement à laquelle nous prêtons attention.

Corps mental

Le corps mental est le corps de notre intelligence, c'est lui qui nous permet de retenir, d'apprendre, qui emmagasine tout le résultat de notre évolution. Chez certains êtres, par exemple chez les génies qui ne possèdent pas de corps céleste, l'âme est insufflée directement dans le corps mental. Il en est de même chez les animaux, car ils possèdent aussi un corps mental. Ceci semble en contradiction avec les notions généralement répandues sur l'inintelligence des animaux. En réalité, les animaux sont parfaitement intelligents, bien qu'ils le soient moins que l'homme [9]. Leur intelligence ne peut être comparée à ce qu'elle sera plus tard, car les animaux eux aussi ont une évolution à accomplir. Ils ne possèdent actuellement qu'un corps mental inférieur, mais ils pourront, par l'évolution, arriver à développer en eux un corps mental complet et à manifester une intelligence bien supérieure à leur intelligence actuelle, sans cependant cesser d'être pour cela des animaux [10].

Certains hommes croient, en effet, que la forme de l'animal n'est qu'une forme transitoire, et que l'évolution permet à l'individu de passer d'une forme à l'autre à mesure qu'il s'élève, voire même d'un règne de la nature à l'autre. C'est le système de Darwin appliqué à l'occultisme. Swedenborg est tombé lui aussi dans la même idée quand il a dit que les anges étaient des hommes évolués. Pour nous, nous considérons tout ce système

---

9. Encore faudrait-il dire « moins que l'homme en général », car il est certain qu'un idiot est beaucoup moins intelligent qu'un animal.

10. Ce qui tend à nous faire exagérer à nos propres yeux l'infériorité intellectuelle des animaux, c'est que nous ne pouvons pas converser avec eux. Cependant, le temps « où les bêtes parlaient » n'a pas existé seulement dans les légendes ; il n'a pas même cessé d'exister, car il existe un langage commun à l'homme et à l'animal, et certains hommes le connaissent.

comme une erreur absolue : les espèces sont invariables, un chien reste un chien pendant l'éternité des temps et ne peut jamais devenir un singe, ni un homme, ni autre chose. Chaque être a son avenir propre et sa voie d'évolution particulière, et le chien développé deviendra un chien supérieur, mais pas autre chose.

Il paraît également singulier à première vue que les génies qui n'ont qu'un corps mental, puissent être supérieurs à l'homme qui possède un corps céleste [11]. Cela tient à ce que l'homme est encore loin d'avoir terminé son évolution. Les théosophes expriment bien le point où nous en sommes en disant qu'il doit y avoir dans un Manvantara sept races humaines, comprenant chacune sept sous-races, et que nous sommes en ce moment à la cinquième sous-race de la cinquième race, celle qui incarne Manas ; nous sommes donc dans la période kama-manasique. Les génies sont supérieurs à l'homme tel qu'il est actuellement, mais ils ne seront pas supérieurs à l'homme tel qu'il sera.

Corps kamique

Le corps kamique est ce que saint Paul appelait ψυχη. Psyché de la fable d'Orphée (l'Âne d'or) y correspond aussi très sensiblement, mais le symbolisme hautement initiatique de l'âne d'or est très complexe et très difficile à débrouiller.

Le corps kamique présente une importance énorme dans l'organisation de l'être humain, aussi l'étudierons-nous dans ses trois subdivisions successivement.

11. Tous les génies indistinctement ne nous sont pas supérieurs, mais certains le sont de beaucoup, et ils abusent de leur situation.

KAMIQUE INFÉRIEUR

Ce corps est le domaine de tous les sentiments bas, de toutes les passions viles, de tout ce qui est hideux et mauvais en nous. C'est par lui que nous sommes en contact avec le plan kamique inférieur, que nous en recevons les pernicieuses influences et que nous percevons plus ou moins tous les monstres qui l'habitent : larves, tarasques, gargouilles, cauchemars, mauvais génies, apparitions terrifiantes, etc. [12].

Il est à remarquer que dans toutes les apparitions survenues spontanément ou provoquées dans des expériences spirites, etc., on peut toujours discerner deux catégories [13]. Les unes glacent de terreur : le spectateur sent l'air se refroidir autour de lui, un frisson l'agiter, un malaise l'envahir et un sentiment de terreur plus ou moins grand l'envahir. Les animaux s'épouvantent et

12. Les monstres fabuleux dont nous parlent les légendes, tels que la bête du Gévaudan, la Tarasque, les Gargouilles ne sont pas des mythes. Ce sont des êtres réels qui habitent dans le plan karmique inférieur. Si ces monstres ont été vus, ils ne l'ont été que par des sensitifs qui les ont vus dans leur propre plan. La majorité des hommes s'est contentée de ressentir leur influence et de constater les dégâts causés par eux.

Ceci n'a rien de surprenant. Un des personnages de *Zanoni* dit voir le choléra s'avancer au loin dans la mer, là où d'autres yeux ne voient qu'un vaisseau cinglant au port. Lorsqu'il éclate en effet une épidémie de choléra, tous les hommes en constatent bien les effets, mais les sensitifs voient l'élémental du choléra sous la forme d'un monstre qui terrasse ses victimes.

Ces monstres se manifestaient d'ailleurs beaucoup plus autrefois qu'aujourd'hui aux yeux des hommes, parce que la civilisation les met en fuite.

13. Pour citer deux exemples parmi les manifestations spirites, on peut citer d'une part l'apparition si belle et si prolongée de Katie King à Crookes, et d'autre part une expérience faite avec Lusapia par Dariex et de Rochas dans laquelle Dariex se sentit étreint d'un tel malaise physique et moral qu'il dut aller se coucher.

tremblent à la vue de ces apparitions, les chiens fuient et hurlent à la mort. Certaines autres apparitions laissent au contraire le spectateur aussi calme et aussi tranquille que s'il avait reçu la visite d'un homme de chair et d'os.

Toutes les fois qu'une manifestation de l'invisible provoque ce sentiment de terreur, on peut être certain qu'elle émane du plan kamique inférieur : c'est là le caractère propre de ce plan.

KAMIQUE MOYEN

C'est le corps intermédiaire entre le kamique inférieur, qui est mauvais, et le kamique supérieur qui est bon. C'est donc le champ dans lequel se déroulent toutes nos luttes et nos tentations, le plan kamique moyen contient toutes les détresses et les tentations [14].

KAMIQUE SUPÉRIEUR

Ce corps est le siège de toutes nos aspirations les plus pures, les plus nobles et les plus éthérées : amour divin, amour du vrai, du bien, du beau. Il correspond au plan kamique supérieur qui est exclusivement bon, et ce corps est le véritable corps des mystiques.

Il semblerait que le véritable corps des mystiques doive être le corps céleste et que toutes ses aspirations doivent venir par son canal. Et en réalité il en est bien ainsi, mais le corps céleste est trop peu développé encore chez l'immense majorité des hommes pour pouvoir réaliser ces aspirations. Sans doute quelques mystiques ont eu des extases en corps céleste et ont pu

14. Dans ce plan se trouvent des êtres dont nous aurons à reparler : Barthélemy, La Patte de Lièvre. Quant à la grande ombre noire dont le seul contact horrifie, elle appartient au plan karmique inférieur.

percevoir pendant quelques minutes le plan céleste, mais cela se produit rarement : une fois ou deux dans l'existence des plus favorisés. Tandis que le corps kamique supérieur permet des extases très belles et très prolongées, et c'est véritablement dans ce corps que les grands mystiques comme sainte Thérèse ou sainte Catherine de Sienne ont concentré toute leur activité. Le plan kamique supérieur contient aussi notre ange gardien.

Corps astral

Le corps astral est chargé de transmettre au corps physique les impulsions qu'il reçoit des corps supérieurs venant de l'âme, ainsi que les forces qu'il reçoit de son propre plan par l'intermédiaire des élémentals.

Le corps astral est le grand régulateur de la vie organique.

Sa subdivision supérieure forme ce qu'on a appelé le médiateur plastique, il emmagasine tous nos souvenirs, en ce sens qu'il garde une empreinte de toutes nos actions, nos paroles, nos pensées. Disons un mot à ce sujet du rôle que les empreintes jouent dans les réincarnations.

Quand un corps invisible reçoit une empreinte par suite d'une manifestation de notre activité, il la conserve et il sollicite l'organisme de répéter de nouveau cet acte dont il garde l'empreinte. Si l'organisme obéit, l'empreinte devient plus profonde, il réagit un peu plus fortement sur l'organisme. Quand l'empreinte a acquis une certaine profondeur à la suite de ces répétitions successives, elle réagit sur l'organisme humain avec tant de force qu'elle le contraint presque de répéter l'acte en question malgré lui ; nous sommes en présence de ce qu'on appelle une habitude. Le corps astral, le corps kamique et le corps mental reçoivent tous les trois des empreintes des manifestations de notre activité. Mais le corps astral et le corps kamique transmettent au corps mental l'image de leurs empreintes, et celui-ci les collectionne à côté des siennes propres : c'est ce que l'on appelle la mémoire. Lorsque l'individu meurt et que le corps mental se réincarne dans un nouveau corps kamique et dans un nouveau corps astral, il déverse dans ces nouveaux corps les empreintes reçues des corps précédents. L'individu en venant au monde possède donc un certain nombre d'empreintes toutes formées dans son corps mental, son corps kamique et son corps astral. Ce sont ces empreintes qui constituent la mentalité, la kamalité et l'astralité de l'individu. L'ensemble forme une grande partie de ce que les Hindous appellent le karma, c'est-à-dire la puissance déterminatrice des conditions de la nouvelle existence. Toutes ces habitudes innées en nous dès la naissance nous rendent en effet certains actes plus ou moins faciles et nous portent vers une voie plutôt que vers une autre. La mentalité donne la manière de penser et de juger. La kamalité donne le caractère. L'astralité donne l'instinct.

Corps physique

Le corps physique comprend des solides, des liquides, des gaz et des fluides. Il est entouré notamment d'une atmosphère fluidique que l'on appelle quelquefois improprement corps éthérique ou aura. L'atmosphère fluidique n'est pas un corps, car tout corps est un système d'organes coordonnés et harmonisés en un tout, tandis que cette atmosphère est entièrement inorganique. De plus, elle ne se rattache pas au corps astral, mais au corps physique, bien que ce soit par son intermédiaire que le corps astral agisse sur le corps physique.

L'atmosphère fluidique est à la fois à l'intérieur et à l'extérieur du corps physique. Les tourbillons plus ou moins énergiques qui l'agitent soit d'après une impulsion intérieure, soit d'après une impulsion extérieure, produisent différents phénomènes et en particulier parfois des phénomènes lumineux. C'est à cette cause qu'il faut rattacher les auréoles et les gloires qui entourent parfois certains hommes [15], et les phénomènes lumineux que l'on remarque sur le visage ou le corps de certains médiums.

Trou de Brahma

Il est dans l'organisme humain une partie qui présente une importance occulte toute particulière.

Il est dit dans le *Zohar* que les deux yeux du Macroposope ne sont que les foyers d'une ellipse et que cette ellipse forme un ciel unique [16]. Et dans les divisions du grand visage kabbalistique on voit en effet les deux yeux et la racine du nez encerclés dans une ellipse [17].

La portion du visage ainsi délimitée est le trou de Brahma, l'œil de Siva, l'œil de Brahma, partie extrêmement importante du corps humain et à laquelle les occultistes ont assigné souvent par erreur les places les plus variables, au sommet de la tête, à la nuque, etc.[18].

---

15. On appelle généralement auréole le cercle lumineux qui entoure la tête seule, et gloire le halo lumineux qui s'étend autour du corps tout entier.

16. Voir le commentaire du *Siphra Dzeniûta* par Rabbi Schiméon ben Jochaï (Éliphas Lévi :*Le Livre des splendeurs*, page 20) : « *C'est pour cela que nous prêtons deux yeux à la tête suprême, mais ces deux yeux sont le foyer d'une ellipse, et cette ellipse des deux yeux ne fait plus qu'un œil... Ils sont deux yeux, mais lorsqu'on veut les distinguer ils se confondent et se changent en un seul œil.* »

17. Voir le dessin de la grande tête magique du *Zoha*r donné par Éliphas Lévi en tête de son ouvrage *Histoire de la magie*, vol. II.

18. L'embryologie [explique] le mode de formation de l'œil de Brahma. Chez le très jeune embryon en effet le trou existe, mettant à découvert le centre nerveux qui sera plus tard le cerveau et la moelle. Ce

Du Potet cependant s'était déjà aperçu que lorsqu'il faisait des passes au niveau de la racine du nez, son fluide produisait beaucoup plus d'effets que partout ailleurs, plus même que sur le plexus solaire.

C'est par le trou de Brahma que tout entre dans l'homme et que tout en sort. C'est par là que l'on voit dans l'invisible. C'est par là que l'on sort en astral. C'est par là que l'on agit sur les êtres et les choses qui nous entourent. C'est par là qu'on magnétise et qu'on reçoit l'influence magnétique. C'est par là que sortent les tourbillons fluidiques qui forment les auréoles et les gloires, etc.

Auras

Nos corps invisibles sont plus grands que le corps physique, aussi lui sont-ils en partie extérieurs. Une partie des corps invisibles s'échappe du corps physique par le trou de Brahma et s'épanche autour du corps physique de manière à l'envelopper complètement. Cette partie des corps invisibles qui entoure notre corps matériel se nomme l'aura.

Les auras présentent une coloration particulière sensible seulement pour les voyants, chacun des corps invisibles ayant

---

trou est limité par un repli de peau que l'on appelle le tablier, et par les deux arcs branchiaux. Dans une phase plus avancée le rideau descend et le premier arc branchial se subdivise en deux branches qui donneront origine aux deux maxillaires; le trou subsiste encore. Enfin, plus tard encore, les maxillaires se développent, le rideau complètement descendu forme le nez, les yeux apparaissent et le trou de Brahma cesse d'exister physiquement. La manière dont se forment les yeux est à remarquer. L'œil naît d'un bourgeon développé sur la matière cérébrale, et qui produit une pupille. Un repli de peau du tablier s'approche de la pupille, s'invagine sur elle et donne le cristallin. L'œil n'est donc qu'un prolongement du cerveau et fait partie du trou de Brahma d'où il est sorti. Ainsi est-il tout à fait exact de dire que « *Les yeux sont le miroir de l'âme.*»

pour le sensitif une couleur distincte. Ce phénomène tout subjectif de la perception des auras ne doit pas être confondu avec celui des auréoles et des gloires, et voici comment l'un et l'autre s'expliquent.

Notre atmosphère fluidique qui n'est pas autre chose que de la matière physique à l'état fluidique, de l'éther par conséquent, est susceptible de vibrer sous diverses impressions. En particulier, chacun de nos corps invisibles lui communique une vibration particulière. La lumière n'étant pas autre chose qu'une vibration de l'éther, on conçoit que cet éther puisse devenir lumineux lorsque le mouvement vibratoire qu'il reçoit correspond à la longueur de l'onde de la lumière.

Si ce phénomène se produisait d'une manière régulière et constante, tout le monde verrait le corps humain entouré d'une atmosphère lumineuse. Mais il n'en est pas ainsi. Ces vibrations des corps invisibles ne peuvent influencer, en règle générale, que l'éther contenu dans le cerveau qui possède une consistance particulière. Rarement la vibration est assez forte pour se communiquer au-dehors et illuminer la partie extérieure de l'atmosphère fluidique ; quand ce phénomène se produit, on est en présence de l'auréole ou de la gloire. L'auréole est un phénomène entièrement objectif, et que tous les hommes peuvent voir [19].

19. Remarquons que ce phénomène peut être produit par des causes très diverses. On a l'habitude d'entourer d'une auréole la tête des « saints » parce que chez les saints le phénomène se produisait assez souvent sous la seule vibration de leurs corps invisibles. Mais on aurait tort d'en conclure que toute personne autour de laquelle on voit une auréole est un saint, car le phénomène peut avoir une toute autre origine et être dû par exemple à l'action d'un esprit. Dans les séances spirites on observe souvent des phénomènes lumineux, de ce genre, autour du médium.

Mais lorsqu'un homme quelconque se trouve en présence d'un sensitif [20], l'aura de cet homme détermine des vibrations sur l'atmosphère fluidique de ce sensitif. Et le phénomène de coloration se produit encore, mais pour le sujet seulement. Les vibrations générées par cet homme sont insuffisamment fortes pour illuminer objectivement son atmosphère fluidique et l'entourer d'une lumière visible à tous les yeux. À plus forte raison elles sont insuffisamment fortes pour éclairer objectivement l'atmosphère du sensitif. Mais elles font vibrer l'atmosphère de ce sensitif à l'unisson, et ce phénomène produit chez le sensitif une sensation lumineuse purement subjective.

Corps céleste	supérieur	- jaune
	moyen	- orangé
	inférieur	- rouge
Corps mental	supérieur	- bleu clair
	moyen -	- bleu azur
	inférieur	- bleu sombre
Corps astral	supérieur	- vert pâle
	moyen	- vert
	inférieur	- vert sombre
Corps kamique	supérieur	- rouge pâle
	moyen	- rouge
	inférieur	- rouge sombre

On remarquera que ces couleurs correspondent deux à deux : le corps kamique est rouge comme le corps céleste, quoique d'un rouge différent, tirant sur le vineux. Le corps kamique représente en effet une sorte de corps céleste des plans inférieurs. De même l'astral correspond au mental.

20. Nous appelons sensitif un individu dont l'atmosphère invisible est d'une extrême sensibilité, comparable à la sensibilité chimique des corps à l'état naissant.

Ces couleurs sont celles que l'on retrouve dans tous les symbolismes religieux. Ainsi le jaune d'or est le symbole de l'action divine, le rouge le symbole de l'amour divin, etc.

On peut donc dire en somme que nos corps invisibles sont potentiellement coloriés et que le sensitif réalise cette potentialité [21].

L'aura présente toujours un aspect mélangé de diverses teintes: toutefois la teinte qui paraît dominer est celle qui correspond au corps présentant le maximum d'activité chez le sujet que l'on observe. Si le sujet est plongé dans de profondes spéculations philosophiques, son aura paraîtra plutôt bleu, s'il

---

21. De Rochas a retrouvé expérimentalement cette notion de la coloration des corps invisibles. Ses sensitifs extériorisés voyaient leur double extériorisé, moitié rouge, moitié bleu. Ces couleurs correspondent au corps [mental] et au corps kamique qui s'extériorisent les premiers dans ces sortes d'expériences. Ces colorations n'étaient certainement pas le résultat d'une suggestion donnée au sujet inconsciemment, elles existaient bien réellement pour ce dernier et de Rochas a vérifié expérimentalement ce point par des expériences basées sur le phénomène de polarisation de la lumière (*Extériorisation de la sensibilité*, p. 20). Toutefois, il y a dans les expériences de De Rochas beaucoup de phénomènes dus à une suggestion inconsciemment donnée au sujet parque qu'il est à peu près impossible d'amener un sujet au somnanbulisme magnétique sans lui communiquer sa propre mentalité.

Les sujets de de Rochas présentent le phénomène de la polarisation des effluves à droite et à gauche, de l'extériorisation de la sensibilité par couches alternées avec des nœuds et des ventres et décroissant conformément au carré de la distance, etc. qui répondent aux théories dont l'opérateur était imprégné.

En réalité, tout cela n'a aucune réalité. Nous avons obtenu des extérorisations sans nœuds et sans ventres. Tous les sujets de Durville obéissent à la loi des polarités. Nous avons obtenu les mêmes résultats en prenant le contre-pied de la loi. Il en est de même des points hypnogènes que l'on peut créer à volonté sur le corps d'un sujet.

éprouve à ce moment des sentiments mystiques, elle paraîtra rouge orangé. Mais toujours on observe des mélanges de teintes ; il est à peu près impossible d'avoir une aura pure.

L'aura est un mouvement, un tourbillonnement perpétuel.

Dans l'aura on peut voir des taches brunes ou noires qui pullulent quelquefois jusqu'à rendre l'aura tout à fait grise ou tout à fait noire. Ce sont les écorces, dont nous aurons à reparler plus loin. Les voyants aperçoivent toujours un homme mauvais et vicieux, comme s'il était tout noir. Une aura grise est toujours très mauvais signe, mieux vaudrait qu'elle fut franchement verte [22].

Certains sensitifs perçoivent des formes et des odeurs au lieu de couleurs. Ils verront un homme mauvais sous une forme hideuse, ou sentiront à son approche une odeur puante.

Les auras jouent un rôle très important dans les actions réciproques que les hommes exercent les uns sur les autres.

Quand deux hommes se trouvent en présence, sont en train de causer par exemple, un double phénomène se produit.

D'une part leurs auras entrent en contact et se mélangent.

D'autre part un double jet fluidique s'échappe de chacun d'eux par le trou de Brahma et pénètre en l'autre également par le trou de Brahma. Ce jet varie suivant l'individu qui l'émet : chez l'un le mental y dominera, chez l'autre le kamique, etc.

Si les deux individus en présence sont doués d'une force égale, il y a interpénétration réciproque. Si l'un a plus de pouvoir émissif et l'autre plus de pouvoir absorbant, le jet fluidique

---

Mais s'il est inexact que dans l'expérience de de Rochas le bleu et le rouge se polarisent à droite et à gauche du corps, l'existence des deux couleurs est parfaitement réelle.

L'expérience sur la lumière polarisée le prouve.

22. Remarquons que le mot français *mal* a la même racine que le grec *μελας* noir et le sanscrit *mâla*, sale, le mal a toujours été assimilé à la saleté et à la noirceur.

de ce dernier est complètement paralysé et refoulé. Il y a alors un individu qui subit les influences de l'autre, sans pouvoir ni s'en défendre ni réagir. De là les phénomènes d'intimidation, de contrainte, de fascination, de séduction, etc. où la volonté d'un être humain arrive à s'emparer de la volonté d'un autre et à l'annihiler.

D'une manière générale il y a réaction réciproque des corps invisibles de l'un sur les corps invisibles de l'autre.

Le contact des corps kamiques produit les sensations de sympathie ou d'antipathie. Le contact des corps mentaux produit le phénomène de la transmission de pensée [23].

Mais dans la majorité des cas le contact des corps invisibles ne produit pas simplement une sensation sur les sujets en présence, il provoque un phénomène d'assimilation de l'un par l'autre. Et là gît un danger auquel chacun est exposé et que presque tout le monde ignore. Chacun a pu remarquer que l'on éprouve des sensations différentes suivant la société dans laquelle on se trouve. Dans certaine société on se sent mal à l'aise, gêné, comme blessé dans son for intérieur par une hostilité invisible, alors que rien dans l'attitude et la parole des interlocuteurs ne permet de croire à ce sentiment. On en sort fatigué, mécontent de soi et des autres sans savoir pourquoi, attristé et découragé aussi. Dans une autre société on se sent à son aise, en communion de pensée avec tous les assistants, sans arrière-pensée, épanoui et heureux. On en sort réconforté et léger.

Le contact de certains hommes fait naître en vous des pensées mauvaises qu'on ne se connaissait pas, des envies de

23. La transmission de pensée se produit toujours sous forme d'idée et non de mots, que l'on pense : oiseau, avis, *ορνεον*, etc. Celui qui percevra cette pensée éprouvera toujours l'idée d'un oiseau, de là l'échec des expérimentateurs qui veulent arriver à transmettre mentalement des mots.

luxure, de vol ou de meurtre qu'on n'avait jamais encore éprouvées et dont on s'étonne.

Le contact de certains autres fait taire toutes les inquiétudes, les soucis et les passions qui bouillonnent dans l'âme, vous donne une paix profonde, développe tous vos nobles sentiments, tous vos instincts généreux, raffermit votre volonté.

Dans tous ces cas le phénomène est le même, on a assimilé une partie de ce que notre interlocuteur contenait dans ses corps invisibles et on s'est rendu, en partie, semblable à lui.

Il suit de là qu'un homme un peu sensible peut parfaitement deviner la mentalité et le caractère d'un autre homme en analysant les impressions qu'il ressent à son contact. C'est au moyen de cette divination inconsciente que les physiognomonistes et les chiromanciens peuvent analyser le caractère de leurs consultants beaucoup plus que par le secours de leur art. Toutefois de ce que l'atmosphère invisible d'un homme produit sur nous une impression désagréable, il ne faut pas conclure que cet homme est mauvais. Il faut en conclure qu'il est obsédé par des passions mauvaises ; mais il peut parfaitement y résister et être un très honnête homme [24].

Il résulte encore de là que les bonnes sociétés ont une influence bienfaisante et les sociétés mauvaises une influence malfaisante.

Les unes nous améliorent, les autres nous pervertissent.

---

24. Tout le monde connaît à ce sujet l'histoire de Socrate et du physiognomoniste. Socrate un jour se promenant avec ses disciples rencontra un physiognomoniste qui s'approcha, l'examina et dit : « *Voilà un homme qui a tous les vices et même les plus sales vices.* » Les disciples protestèrent avec indignation quand Socrate leur dit : « *Laissez, cet homme a parfaitement raison. Tous les vices dont il parle sont en moi. Mais je les ai vaincus.* »

Il faut choisir soigneusement ses points de contact avec ses semblables et fuir ceux dont la présence produit chez nous une sensation de malaise et de dépression.

Toutefois, celui qui sait quel est le phénomène auquel il s'expose, qui ne veut pas se laisser entamer et qui a assez d'empire sur lui pour fermer complètement son for intérieur, sans laisser aucune influence étrangère le pénétrer, celui-là peut fréquenter impunément les pires sociétés.

V

DE L'ÂME ET DU PÉCHÉ

Différentes espèces d'âmes

L'âme est la monade, la pure essence qui anime tous les êtres, le principe de leur vie. Tout a une âme dans l'univers, sans exception. Non seulement les animaux en ont une aussi bien que les hommes, mais les végétaux et les minéraux ont également une âme. Une plante a une âme, un morceau de craie a une âme.

Toutefois ces âmes sont loin d'être semblables entr'elles. Elles n'ont ni la même origine, ni la même destinée, ni la même puissance. Il est évident que l'âme d'un homme est bien au-dessus de l'âme d'un arbre.

L'âme est indivisible. Les âmes ne s'engendrent pas les unes les autres. Toute âme est créée directement par Dieu.

Les âmes se divisent en deux grandes catégories :

- les âmes élémentaires (minéraux, cellules),
- les âmes individuelles (êtres organisés).

Les âmes élémentaires elles-mêmes se divisent en deux groupes. Il y a des âmes élémentaires collectives, qui sont celles des minéraux, et des âmes élémentaires particularisées, qui sont celles des cellules. Ces dernières ne doivent pas être confondues avec les âmes individuelles, bien que chaque cellule possède son âme propre.

La matière réduite à son élément ultime, l'atome, n'a pas d'âme. L'atome n'est pas vivant. Il se compose uniquement d'un corps physique, d'un corps astral, et d'un corps kamique. La vie n'apparaît que lorsque les atomes se groupent en molécules et que la matière s'organise.

La matière à l'état minéral possède une âme collective élémentaire. Il y a une âme pour chaque variété de matière. Il y a une âme pour le quartz, une âme pour l'albumine, une âme pour le diamant, etc. Mais tous les cristaux de quartz existant sur la surface du globe par exemple sont animés par la même âme : c'est une âme collective. Si on pulvérise un cristal de quartz en une infinité de cristaux plus petits, la même âme collective animera encore tous ces petits cristaux.

L'âme collective est ce qu'on peut appeler le grand réservoir de vie.

Les cellules de matière organique sont animées également par des âmes élémentaires, mais qui ne sont pas collectives. Chaque cellule possède son âme propre. Cela tient à ce que la cellule forme un tout, constitue un individu parfaitement défini, tandis qu'un cristal n'est jamais qu'une réunion de cristaux plus petits (dont le clivage peut mettre l'existence en évidence) et qui sont eux-mêmes composés.

Toute cellule a donc une âme, mais aucune cellule ne peut supporter plus d'une seule âme. Lorsque doit avoir lieu la multiplication de la cellule, une seconde âme se détache du trésor de vie et vient s'adjoindre à la première. Aussitôt, la cellule, ne pouvant supporter cette seconde âme, lui prépare un corps en effectuant ce travail de bourgeonnement et de segmentation qui est bien connu des physiologistes, et dont le résultat final est de créer deux cellules douées chacune d'un corps et d'une âme.

Les êtres organisés, animaux, végétaux, etc. sont animés non plus par des portions individuelles ou collectives du trésor de vie élémentaire, mais par des âmes individuelles, appartenant en propre à chacun d'eux, et créées spécialement pour l'individu [25].

La différence essentielle qui sépare l'âme élémentaire de l'âme individuelle, c'est que l'âme individuelle est incarnée dans un corps mental, tandis que l'âme élémentaire ne peut jamais recevoir de corps mental.

L'âme de l'homme et celle de l'ange sont même incarnées dans un corps céleste.

Donnons ici quelques notions sur les âmes des minéraux et de leurs propriétés occultes, avant de passer à l'étude de l'âme humaine.

Des âmes des minéraux et de leurs propriétés occultes

Le propre d'une âme est de rayonner et de faire sentir au loin les vertus qui lui sont propres. Les âmes minérales rayonnent comme les autres et exercent sur nous une influence bonne ou mauvaise : cette influence constitue ce que l'on appelle leurs propriétés occultes ou magiques, parce que ces influences sont utilisées en magie.

Le malheur est que si ces influences des pierres paraissent bien tout aussi réelles que celles des plantes ou des hommes, il est très difficile d'en préciser la nature et la portée. Les traditions à ce sujet ne reposent que sur quelques données empiriques, quelques expériences personnelles hâtivement

25. Il en résulte qu'un animal se compose d'une quantité immense d'âmes élémentaires particulières, les âmes de ses cellules, dirigées et commandées par une âme individuelle qui est son âme propre. La multiplication des êtres organisés a lieu suivant la même loi que celle des cellules, aucun corps ne pouvant supporter plus d'une âme individuelle. Sitôt que l'âme de l'enfant vient se joindre à celle de la mère, le travail de formation de l'embryon commence.

généralisées et pieusement transmises de bouche en bouche en vertu de l'argument d'autorité qui est la négation et la mort de toute science.

Il existe d'abord au sujet des vertus des pierres de grossières superstitions ; l'améthyste empêche de s'enivrer, quels que soient les excès de boissons auxquels on se livre, l'escarboucle rend invisible, etc. Certaines pierres, comme l'opale, sont réputées porter malheur.

Généralement on répartit les pierres entre les sept planètes ou entre les douze signes du Zodiaque, en attribuant à chacune d'elles la valeur de la planète et du signe correspondant. Mais cette répartition paraît, dans bien des cas, être arbitraire, certains auteurs attribuent la même pierre à trois ou quatre planètes différentes [26].

La vérité, c'est que ces propriétés occultes sont très mal connues. Cependant on peut faire à ce sujet quelques observations d'ordre général : tout d'abord, il existe entre certaines pierres et chacun de nous une sympathie ou une antipathie caractérisée. Ce peut être là l'indice de l'action de la pierre sur nous, et il peut être prudent de ne pas porter des pierres dont la présence nous est antipathique et désagréable.

Mais une question importante dont il faut tenir compte pour évaluer l'influence occulte des pierres est la question de masse. Les vertus des pierres ne sont pas assez puissantes pour agir à doses infinitésimales, les quelques fragments de pierreries dont on se sert en bijouterie peuvent être considérés comme n'ayant

26. On trouvera des détails sur ces correspondances dans Cornelius Agrippa, *Philosophie occulte* ; Albert le grand, *De Lapidibus* ; les grimoires. Un très bon tableau se trouve dans De Launay, *Histoire générale des religions et des cultes de tous les peuples du monde* (1791, 12 volumes in-4° dont une partie du premier seulement publiée.) Un excellent résumé dans Papus, *Traité de magie pratique*. Voir aussi la revue *Science astrale*, 1904, p. 76 (article 17).

aucune vertu. Et la question de prix empêche qu'on ne rassemble autour de soi une masse de pierreries suffisante pour produire un effet appréciable. Exception doit être faite, cependant, à la règle, quand la pierre agit sur le trou de Brahma et sur l'œil qui est la partie la plus sensible du trou de Brahma. La contemplation d'une petite pierre peut sans doute faire éprouver des sensations que son contact ne donnerait pas.

Mais pratiquement on ne peut guère ressentir les influences des pierres que là où elles sont en masse considérable, c'est-à-dire au milieu des rochers. Il est hors de doute qu'au milieu des rochers on éprouve des sensations particulières (et généralement une sensation d'angoisse) et que cette impression varie suivant qu'il s'agit de rochers porphyriques, granitiques, etc. Il y aurait là une étude de géologie occulte très intéressante à faire. Sur mer on éprouve encore des sensations différentes : or l'eau est aussi un minéral. Ces sensations peuvent se comparer à celles produites par les masses de végétaux. Les forêts de France donnent une impression douce et calmante, les forêts d'Afrique une impression violente, oppressante et pénible[27].

Enfin, les propriétés des minéraux se retrouvent dans les propriétés des sources qui en émanent et qui constituent de véritables délégations de ces minéraux. Aussi toutes ces sources étaient-elles placées, par les Anciens, sous la protection d'une Naïade.[28]

---

27. Les pierres, quelque petites qu'elles soient, peuvent toutefois prendre une vertu particulière quand on les consacre à l'une des planètes, suivant le rite. La pierre devient alors un symbole et prend les vertus de la planète. Par planète, nous n'entendons pas ici l'astre que connaissent les astronomes, mais la planète occulte, c'est-à-dire le centre d'action d'un système de forces cosmogoniques, que les anciens désignaient par le nom d'un des Dieux de l'Olympe.

28. Il existe bien dans l'univers des pierres précieuses d'un volume considérable douées de propriétés occultes très nettes, mais ces pierres ne sont pas à la disposition des hommes, elles sont enfermées dans des

La Borbone

Nous ne pouvons pas d'ailleurs parler des vertus occultes des minéraux sans parler de la déesse qui donne à ces minéraux leurs vertus, aux sources minérales leurs pouvoirs, aux terres leurs qualités. Cette entité qui règne sur le centre de la terre et qui habite le plan mental extra-supérieur se nomme la reine des pierres.

La reine des pierres était honorée dans l'antiquité sous la figure de Proserpine, fille de Cérès, déesse de l'agriculture, enlevée par Pluton, le dieu des *inferna* (c'est-à-dire des lieux souterrains et non pas des enfers comme on l'a faussement traduit) [29], et vivant six mois sur terre avec sa mère et six mois sous terre avec son époux. L'allégorie est facile à comprendre.

Nos ancêtres les Gaulois honoraient spécialement cette divinité qu'ils appelaient la Borbone. Plusieurs contrées du cen-

---

cavernes inaccessibles et qui sont gardées. L'homme ne peut s'en emparer de force, par un moyen ou par un autre, l'invisible déjoue ses efforts s'il tente d'atteindre le trésor et l'empêche d'arriver à son but. Il ne peut obtenir une de ces pierres que si la Borbone veut bien la lui donner, le don d'ailleurs est purement personnel. À la mort du possesseur de la pierre, celle-ci ne se retrouve pas dans son héritage et disparaît comme disparaissent au bout d'un certain temps les apports spirites. C'est à ces trésors mystérieux que font allusion beaucoup d'allégories anciennes : pommes des Hespérides, Toison d'Or, etc., et les contes des mille et une nuits. L'usage de ces pierres est d'ailleurs tout païen et leur possession n'est point à envier, car une simple prière adressée au plan divin peut procurer à l'homme beaucoup plus de bienfaits et d'avantages que la possession de ces pierres.

29. Les *inferna* des Latins signifiaient lieux souterrains, mais sans aucun des sens que nous attachons à l'idée d'enfer. La meilleure preuve en est que le paradis mythologique, les Champs-Élysées se trouvaient dans les *inferna*. La confusion des *inferna* et des lieux infernaux est l'œuvre des théologiens qui combattaient la mythologie par tous les moyens.

tre de la France étaient placées sous son vocable et notamment une certaine ville de Bourbo, qui est aujourd'hui Bourbon l'Archambaut (Allier). De ce nom de Bourbone, qui signifie souterrain, sont venus les mots français de bourbe et bourbier, et surtout le nom de la province de Bourbonnais.

Le Bourbonnais était en effet placé par les Gaulois sous la haute protection de la Borbone. Et cela n'était pas sans raison, car bien que la Borbone règne sur la terre toute entière, c'est dans le Bourbonnais (en y comprenant une partie de l'Auvergne) qu'elle a spécialement élu domicile. C'est à la présence de la Borbone qu'il faut attribuer l'extraordinaire richesse géologique de cette région. Tous les minéraux s'y trouvent représentés, y compris l'or et le diamant. Les formations géologiques les plus curieuses s'y rencontrent : grottes, cavernes à stalactites, lacs souterrains, lacs sur le sommet des montagnes. Des sources minérales et thermales généralement très efficaces y jaillissent à chaque pas. Les céréales et les fruits y viennent à merveille, et la plaine de Limagne est la région la plus fertile de la France, peut-être même du monde.

Le culte ancien de la Borbone a laissé en France une trace curieuse depuis l'avènement du christianisme : c'est le culte de la Vierge noire. Les Gaulois appelaient la Borbone la vierge souterraine, et lui dressaient des statues sur lesquelles ils la représentaient noire précisément pour marquer son habitat souterrain.

Or dans un grand nombre de localités du centre de la France, on trouve dans les églises des statues de la Vierge qui sont noires et qu'on appelle des statues de la Vierge noire. Les populations toujours un peu idolâtres en matière de religion tiennent essentiellement à leurs Vierges noires qu'elles distinguent de la Vierge blanche et à qui elles attribuent même plus de pouvoirs.

L'Église a vainement tenté d'expliquer ce culte de la Vierge noire. Pour certains, il s'agit d'une image de Marie l'Égyptienne qu'on aura confondue avec la Vierge. Pour d'autres, les artistes des Âges anciens se sont imaginés que la Vierge devait être représentée noire parce qu'elle habitait la Judée, ce qui est puéril. La vérité c'est que la Vierge noire n'est pas autre chose que la Borbone dont les images et le culte se sont perpétués dans le centre de la France : c'est l'ancienne Vierge souterraine. À Chartres notamment existe une statue de la Vierge noire, qu'on appelle la Vierge de dessous terre. Il est impossible d'être plus explicite.

Il est tout naturel qu'à l'avènement du Christianisme le culte de la Borbone se soit confondu avec celui de la Vierge. Les catholiques ont pris ces statues de la Vierge noire, dont certaines portaient l'inscription: *Virgini parturienturi*, pour une préfiguration de la Vierge, et aujourd'hui c'est bien la Vierge céleste que les populations prient devant l'image de la Borbone. Il n'est pas inexact d'ailleurs de considérer la Borbone comme le symbole de la Vierge céleste, car elle en est comme la représentation sur terre et joue, pour notre planète, un rôle analogue à celui de la Vierge dans le ciel. C'est une divinité essentiellement bienfaisante [30].

La Borbone est d'ailleurs chrétienne. On sait que parmi les anciens dieux, les uns se sont soumis au Christ et les autres ont résisté. La Borbone appartient à la première catégorie. Et si

30. L'assimilation de la Borbone à la Vierge, qui peut paraître très surprenante au premier abord, est cependant facile à expliquer. D'une part, dans les premiers siècles du christianisme, et surtout après les dévastations des iconoclastes, il ne fut pas rare de voir des statues païennes placées dans les sanctuaires, pour les orner et jouer le rôle de symboles chrétiens. Il est très certain que des statues d'Apollon et de Diane ont été employées à représenter le Christ et la Vierge. Il n'y a donc rien d'étonnant à ce que des statues de la vierge souterraine aient été employées pour représenter la Vierge Marie. D'autre part, ce n'est pas seulement les statues des anciens dieux que le christianisme naissant utilisa à son profit, mais bien souvent les dieux mêmes et leurs fêtes. La nou-

nous ne devons pas la prier, non plus que les autres dieux, depuis la révélation chrétienne (car la Borbone est une divinité toute terrestre et nos prières ne peuvent nous faire accorder que des biens terrestres, et nos prières doivent être réservées à la

velle religion se heurtant aux anciens cultes et prétendant les supplanter dut soutenir des luttes terribles contre les populations attachées à leur anciennes croyances, et ne fut pas toujours la plus forte. Elle dut alors transiger et accepter les anciennes fêtes, les anciens symboles, en les christianisant. Ainsi s'explique la survivance de toutes les anciennes fêtes païennes, qui coïncident exactement avec nos fêtes chrétiennes, ainsi qu'on l'a plusieurs fois démontré. L'ancien *Dies natalis solis* est devenu Noël, alors qu'aucun texte ne prouve que le Christ soit né le 25 décembre (l'Évangile dit que les bergers et les troupeaux passaient la nuit dehors, ce qui est peu vraisemblable au 25 décembre, sous un climat dont les hivers sont aussi froids que les nôtres). Toute la semaine de deuil suivant la mort d'Adonis, ainsi que le jour de la résurrection d'Adonis, coïncident avec notre semaine sainte et notre fête de Pâques. On trouve même dans le calendrier des noms de saints qui ne répondent à aucun personnage réel, saint Expédit : « *expedit»*, il importe. De la formule on a fait un saint et on lui a créé une légende. Sainte Perpétue et sainte Félicité, qui sont aujourd'hui dispersés dans le calendrier, se trouvaient auparavant près du 1er janvier. Elles représentent simplement la formule de salutation romaine du jour de l'an qu'on s'adressait en s'offrant les Stronnuce « *ad perpetuam salutatem* ». Sainte Lucie, le 13 décembre, est la reine, la déesse qui met au jour et préside aux accouchements. On la fêtait à cette date parce qu'elle venait préparer la naissance du dieu Soleil qui avait lieu douze jours après. Deux jours après la naissance du Soleil, Janus, maître de l'année, ouvrait son temple et est devenu saint Jean ; le lendemain de sa naissance, le dieu Soleil était couronné, *σγεραvos* et est devenu saint Étienne, etc.

La persistance des anciens cultes s'explique par la tradition populaire qu'il est difficile de modifier. Elle s'explique par un sentiment de reconnaissance du peuple envers ses anciens dieux protecteurs. Elle s'explique aussi par un sentiment de crainte, souvent parfaitement justifié. Lorsque l'homme en effet s'adresse au plan céleste, il ne peut en attendre que de bonnes choses. Mais il n'en est pas de même lorsqu'il

Vierge céleste), nous devons au moins l'aimer et lui être reconnaissants.

Il faut enfin éviter de confondre la Borbone avec l'âme de la terre qui est bien au-dessous d'elle. L'âme de la terre appartient au plan mental, comme les génies, tandis que la Borbone fait partie des dieux et habite comme eux ce plan supérieur, qui confine au plan céleste et que nous avons appelé les limbes.

---

s'adresse à d'autres puissances pour leur demander protection, celles-ci sont souvent vindicatives et jalouses. Si l'homme reconnaît qu'il a fait fausse route en les adorant, il peut se tourner du côté du plan divin et les abandonner, ces puissances en conçoivent une irritation qui se traduit par des actes. Elles retirent à leur ancien protégé tout ce qu'elles lui avaient donné. Elles lui envoient des épreuves, lui tendent des pièges, s'efforcent de le détourner de son but. Elles peuvent enfin arrêter en route les biens mêmes que Dieu lui octroie. Si bien que pendant un temps plus ou moins long, temps de lutte, le nouveau converti qui a abandonné son Dieu païen pour se tourner vers Dieu peut se trouver beaucoup plus malheureux qu'avant. Dieu n'influe sur la liberté d'aucune créature, ni de l'homme ni d'une autre puissance, pas même pour empêcher cette créature d'agir mal. Il ne peut donc pas s'interposer pour empêcher ces puissances de se venger ainsi de nous. Mais l'homme a le droit de combattre ces puissances. Il peut encore faire appel à la protection d'autres êtres qui ont eux aussi ce droit de combattre que Dieu n'a pas envers ses créatures. De là notamment l'utilité du culte des saints. Un saint peut parfois faire ce que Dieu ne peut pas, s'il s'agit de nous délivrer d'une persécution.

Toutes ces considérations expliquent la survivance très vive des anciens cultes, et l'obligation où fut le christianisme d'accepter quelquefois malgré lui des cultes païens en s'efforçant de confondre leur objet avec un saint, la Vierge, etc. C'est ce qui a lieu pour la Borbone.

De L'Âme humaine

L'âme de l'homme diffère essentiellement de l'âme des animaux, des génies, etc., en ce qu'elle est illuminée du rayon divin. Le rayon pénètre son essence et lui est uni ; c'est pourquoi l'âme est immortelle sur le plan céleste, dans un corps céleste, tandis que l'âme des génies n'est immortelle que dans un corps mental, sur le plan mental.

Que faut-il entendre exactement par immortalité de l'âme ? L'âme est-elle nécessairement et invinciblement immortelle ? N'acquiert-elle cette qualité qu'à certaines conditions ? Peut-elle la perdre ?

Les théologiens se divisent sur cette question en trois groupes :

1) *Les immortalistes* ou *traditionalistes* pensent que l'âme est invinciblement immortelle. Quoi qu'elle fasse elle ne meurt jamais. De là résulte la nécessité des peines et des récompenses éternelles.

2) *Les conditionnalistes* pensent au contraire que l'âme n'est pas nécessairement immortelle. L'immortalité doit être gagnée. L'homme peut la gagner en marchant dans la bonne voie, mais s'il marche dans le sentier de gauche, il peut faire mourir son âme et arriver à l'anéantissement absolu de son être.

3) *Les universalistes* croient que l'âme est bien immortelle, mais qu'il ne doit pas cependant y avoir des peines éternelles ; qu'à la fin des temps tout le monde sera sauvé et qu'il n'y aura pas une âme de perdue en enfer.

Pour nous, nous croyons que les trois écoles peuvent s'accorder au moins en partie et que leurs discussions reposent sur une querelle de mots. Toute la question est de savoir ce qu'on entend par immortalité, si c'est l'éternité de l'être ou l'éternité de la vie. Si l'on entend par immortalité l'éternité de l'être, il est évident que l'âme humaine est immortelle d'une façon absolue.

L'être est ce qui est et ce qui ne peut pas ne pas être. L'essence qui compose l'âme humaine ne peut jamais s'anéantir.

Si l'on entend par immortalité l'éternité de la vie de l'âme, il n'en est plus de même et c'est ce dernier sens que nous donnerons au mot immortalité, car l'être sans la vie n'est qu'un pur potentiel. La vie suppose nécessairement le mouvement, la réalisation de ses potentialités et par conséquent un moyen de réalisation : l'âme humaine ne vit que dans un corps [31]. Quand le corps physique meurt, l'âme meurt au plan physique mais continue à vivre sur le plan astral en corps astral. Quand elle quitte le corps astral, elle continue de vivre dans son corps kamique. Quand elle quitte le corps kamique, elle continue à vivre dans son corps mental, et quand enfin elle quitte son corps mental, elle continue à vivre dans le corps céleste qui est son véritable corps et qui est éternel. Toute la question est donc de savoir si le corps céleste est absolument incorruptible ou si l'homme par un moyen quelconque peut le détruire.

---

31. Cette notion peut éclaircir la théorie de la chute de l'homme telle que nous la rapporte la *Genèse*, et la contradiction des dires des *Élohim* à Adam « *Si vous mangez du fruit de l'arbre de la science, vous mourez » ; et ceux du serpent* : « *Si vous en mangez, vous ne mourez pas, mais vous serez semblables aux Élohim.* » L'arbre de la science appartient au plan mental et a pour fruit la connaissance, nourriture du corps mental. Or, l'Adam Kadmon, l'humanité synthétique, possédait bien les mêmes corps que l'homme actuel, mais ne vivait pas dans un corps de la même façon. Toute sa vie était concentrée dans le corps karmique supérieur. Son corps mental n'était pas développé. Les deux corps inférieurs étaient sous sa domination absolue. La voie d'évolution qui lui était impartie était d'arriver à vivre dans son corps céleste, alors il était réellement semblable aux *Élohim*, il avait la connaissance absolue, synthétique. Armé de cette connaissance, il pouvait prendre sans danger possession de son corps mental et le dominer absolument ainsi que tous les autres corps. Au lieu de cela, Adam, sur les conseils du serpent, voulut acquérir la connaissance avant d'être maître de son corps mental. De cette imprudence résulta la chute, de même que chez l'homme actuel presque toutes les sottises

Il est un péché de l'homme, celui qu'on appelle le péché irrémissible, ou le péché contre le Saint-Esprit, qui a la puissance de corrompre même le corps céleste. L'infortuné qui l'a commis voit son corps céleste se désagréger peu à peu, s'en aller en quelque sorte par morceaux ; il subit le supplice atroce de se sentir plongé progressivement en pleine connaissance dans le gouffre du néant. Cela dure pendant l'éternité, si l'on donne à ce mot d'éternité, comme nous l'avons déjà fait et comme le font généralement les textes sacrés le sens de « durée d'une création ». C'est ce que les Hindous appellent un Manvantara. Et à la fin du Manvantara, au Pralaya, l'âme coupable dont le corps est complètement désagrégé se voit privée de toutes ses facultés. Elle n'est pas détruite pour cela, mais elle ne vit plus, elle est un pur potentiel. Cette âme est devenue un déchet du Manvantara écoulé, rejetée hors de son cycle d'évolution. Mais sa condamnation n'est pas éternelle, au sens absolu du mot, parce que cette âme déchue devient l'espoir du Manvantara suivant et recommence par le commencement toute son évolution dans ce nouveau Manvantara.

Les trois systèmes des théologiens renferment donc chacun une part de vérité. Il est vrai que l'âme est immortelle dans son essence. Il est vrai cependant qu'elle peut perdre la vie éternelle qu'elle devait obtenir dans son évolution normale, dans son Manvantara. Il est vrai encore que même en ce cas tout espoir

---

résultent de la demi-science, ingurgitée par un esprit mal évolué. Le serpent avait dit vrai en disant vous serez semblables aux *Élohim*. La science est la lance d'Achille, qui guérit les blessures qu'elle a faite ; c'est bien elle qui nous sauvera et nous permettra d'arriver à la maîtrise du corps mental. Mais le serpent n'avait pas dit combien il existait une voie meilleure pour arriver au même but.

Le résultat de la chute fut de précipiter l'homme sur le plan physique et de l'enfermer dans son corps astral comme dans une tunique de Nessus.

n'est pas perdu, qu'il n'y a pas là d'anéantissement complet et que l'âme coupable peut encore être sauvée à la fin des temps.

Du péché

Pour étudier la question du péché nous allons résumer en une formule mathématique notre conception de l'évolution humaine.

Appelons :

E l'évolution	P la Providence
A l'aide du plan céleste	a les aides invisibles autres que celles du plan céleste
K le karma	V la volonté humaine.

Nous pouvons considérer l'évolution humaine comme une somme de fonctions.

Il eut bien la connaissance de tous ses corps, mais cela ne lui servit qu'à s'y trouver enfermé. Et il fut condamné *ipso facto* à les évoluer un à un péniblement, jusqu'à ce qu'il les ait dominés successivement et soit remonté jusqu'au corps céleste auquel il aurait dû arriver directement.

La parole des *Élohim* fut vraie aussi, car ce furent eux qui donnèrent à l'homme tombé le plus grand bienfait et le plus grand moyen de relèvement, la mort et les incarnations successives.

Tombé dans le plan physique dans l'état de développement mental où il était, l'homme ne pouvait y faire que sottises sur sottises, s'enfonçant de plus en plus dans le bourbier et corrompant ses corps. Ce furent les *Élohim* qui coupèrent son évolution en un grand nombre de vies successives en lui accordant entre deux vies une période de repos, en lui permettant de rejeter à la fin de chacune ses trois corps inférieurs souillés et faussés par ses fautes, et en lui rendant au commencement de chaque incarnation nouvelle des corps tout neufs.

$$E = f(A, P, V) + f'(a, V, K) + f''(x.y)$$

Nous définirons les deux premières :

$$f = AP + V \qquad f = aK + V$$
$$K = K + K/c$$

En appelant K le bon karma, K' le mauvais karma et c le caractère. Enfin f représente les contingences.

En remplaçant les fonctions par leurs valeurs dans la première formule il vient donc :

$$E = AP + V + (K + K/c)\,a + V + f''(x.y)$$

Discutons la formule.

L'aide de la Providence et du plan céleste ne nous font jamais défaut ; ce sont des quantités positives : elles sont au moins égales à l'unité.

$$A \geq 1 \qquad P \geq 1$$

$$AP \geq 1$$

Mais V peut être positif ou négatif.

$$V > \text{ou} < 0$$

Si V = 1, la volonté humaine vient en aide à la Providence et agit dans le même sens. L'individu est ce qu'on nomme un homme de bonne volonté.

Si V = 0, la volonté humaine n'est plus d'aucun secours et l'homme est soutenu dans la bonne voie par la seule action providentielle.

Si $V < 1$, il y a ce qu'on appelle mauvaise volonté. La volonté humaine résiste à l'impulsion que la Providence cherche à lui donner et c'est cette résistance qui constitue le péché. La perversité humaine peut arriver ainsi à équilibrer l'action de la Providence et à rendre nulle la première fonction f, c'est le cas où $V = AP$ et $V < 1$. Elle peut même arriver à dépasser l'action de la Providence ($V > APV < 1$) et alors toute la fonction devient négative : c'est la dégringolade spirituelle et morale complète.

Et cependant l'homme dont la volonté est à ce point pervertie et qui s'engage volontairement sur le chemin des ténèbres et de la mort n'est pas encore irrémédiablement perdu. Même si le premier terme de la série devient négatif, le second terme peut prendre une valeur positive assez forte pour l'emporter sur lui. Nous avons défini le second terme $f' = aK + V$.

Ici l'aide imprévue ne peut venir de la volonté puisque par définition elle est entièrement pervertie. Elle ne peut venir davantage d'une intervention divine qui violenterait la volonté et la réduirait à l'impuissance, car avant tout, Dieu laisse les êtres libres et respecte leur volonté, qu'elle soit bonne ou mauvaise. Mais elle peut venir du karma K. Si l'individu a un bon karma, l'influence de celui-ci peut être assez forte pour contraindre la volonté à plier brusquement devant lui et à changer de direction. On assiste alors à ce phénomène psychologique que l'on appelle une conversion. Et cependant, même dans ce cas, la liberté de l'individu a été respectée, puisque le karma, cette force nouvelle qui est entrée en jeu, est sortie de lui-même et n'est pas autre chose que le résultat de sa conduite et de ses volitions antérieures. L'aide brusque qui lui est ainsi donnée est une aide qu'il a gagnée.

Enfin, à défaut de karma, une aide efficace peut encore venir des puissances du plan céleste (a) qui tenteront quelquefois de sauver le pêcheur malgré lui.

Quant à la fonction f, qui représente les contingences de la vie, c'est encore en définitive une fonction de P. Ces contingences ne sont pas dues au hasard, parce que le hasard n'existe pas. Elles sont d'ordre providentiel.

En un mot l'homme est placé sur terre pour accomplir une évolution déterminée. L'aide de la Providence s'offre perpétuellement à lui pour lui faciliter la tâche. Mais sa volonté reste libre et peut accepter cette aide ou la repousser. En la repoussant il rend son évolution plus longue, plus difficile, plus pénible. On peut donc définir le péché : le péché est tout acte de l'homme qui apporte un obstacle ou un retard à l'évolution qu'il doit accomplir. Matériellement, notre évolution consiste à passer dans chaque plan, de la partie inférieure à la partie supérieure [32] et le péché se traduit par une marche en sens inverse. Nos différents corps visibles et invisibles doivent par l'évolution se composer d'une matière de plus en plus subtile, et le péché s'oppose à cette subtilisation en compactant la matière, en créant ce que les kabbalistes nomment des écorces.

Les écorces existent dans tous les plans. Il y a des écorces physiques, des écorces astrales, des écorces kamiques, etc. L'écorce d'un corps déterminé n'est pas une matière nouvelle surajoutée à ce corps, c'est une partie de la matière même du corps qui est modifiée, qui est en quelque sorte écorcifié : le mot fait image. La présence d'écorces dans un de nos corps empêche

32. L'évolution consiste à passer dans chaque plan de l'inférieur au supérieur, et non pas à changer de plan. Beaucoup de personnes s'imaginent que le fait de passer d'un plan dans un plan supérieur, de physique en astral par exemple, constitue une évolution, c'est-à-dire un progrès. C'est une erreur. La plan astral est différent du plan physique, il est plus subtil, mais il n'est pas nécessairement supérieur. Ce qui est un progrès c'est de passer du physique inférieur au physique supérieur, ou de l'astral inférieur à l'astral supérieur. Mais le fait de passer du physique dans l'astral inférieur constitue bien plutôt une déchéance qu'un progrès.

celui-ci de s'harmoniser avec les parties supérieures du plan qui lui correspond, et s'oppose à son évolution.

Par exemple, c'est la présence d'écorces dans nos corps physiques qui nous rend tributaires du plan physique inférieur, et de la loi de la pesanteur qui lui est propre. Sans écorce, nous aurions un corps physique supérieur et nous échapperions à la pesanteur. Un corps physique, moyen même, échappe à la pesanteur, mais seulement de temps en temps, et ce phénomène constitue ce qu'on appelle la lévitation.

Perpétuellement nous brûlons une partie de nos écorces (par nos bonnes actions) mais en même temps nous en créons d'autres. L'évolution consiste à brûler toutes ses écorces et à ne plus en créer d'autres.

Le péché consiste donc essentiellement dans la création d'écorces. On dit encore que le péché produit des souillures et que ces souillures alourdissent nos corps, c'est la même idée.

Tel est l'effet du péché. Mais en quoi consiste au juste le péché lui-même ? Quelle est l'origine de l'idée de culpabilité qui s'y rattache ?

Sur ce point les théologiens ont construit deux systèmes principaux. Pendant les premiers temps du christianisme et une partie du moyen âge, l'idée qui prévalut fut que le péché était une désobéissance. Dieu avait donné une loi à l'homme et l'homme qui s'en écartait méritait d'être puni comme l'enfant qui désobéit à son père. Le péché d'Adam avait consisté simplement à désobéir à l'ordre reçu de ne pas toucher à l'arbre de la science. C'était une notion assez arbitraire.

Saint Bonaventure introduisit une conception nouvelle plus singulière encore ; il considéra le péché comme une offense à la majesté divine, offense qui méritait punition d'autant plus sévère que la majesté de l'offensé était plus grande. Cette idée extraordinaire que Dieu peut être offensé par l'agissement de l'homme et éprouvait le besoin de s'en venger, faisait ressembler l'être suprême à un tyran asiatique toujours prêt à couper les têtes qui ne s'inclinaient pas sur son passage. Elle eut cependant une vogue considérable et nous en retrouvons encore aujourd'hui la trace dans la traduction française d'un verset du *Pater* « *Pardonnez-nous nos offenses, comme nous pardonnons à ceux qui nous ont offensé.* » La traduction est fausse, car que l'on consulte le texte latin ou le texte grec, c'est l'idée de dette que l'on y trouve et non pas l'idée d'offense. Le texte dit littéralement « *Remettez-nous nos dettes, comme nous remettons les dettes à nos débiteurs* [33]. »

Et ce mot de dette nous amène à l'entière compréhension du péché.

Le péché est une dette.

Nous ne pouvons rien faire par nous-même sans l'aide de l'invisible, mais nous sommes libres de demander cette aide à telle région de l'invisible ou telle autre.

Si nous adressons nos demandes au plan divin ou au plan céleste, ce que nous demandons nous est donné gratuitement. Nous ne contractons aucune dette.

Mais si nous nous adressons à une puissance de l'invisible autre, nous contractons une dette. Aucune puissance ne consent et ne peut même nous donner quelque chose sans retour. La grande loi de l'équilibre universel reprend ses droits et nous enchaîne. Si nous empruntons, il faut rendre. Si nous nous faisons servir, il faut servir à notre tour. Telle est la loi inflexible. L'homme qui veut absolument obtenir ce qu'il désire fait un appel inconscient à l'invisible. Si l'objet du désir est élevé et que l'assistance vienne du plan céleste, tout va bien. Mais si l'assistance vient d'un autre plan, l'homme a contracté une dette, il a commis un péché et il est devenu l'esclave de la puis-

33. Latin : *Et dimitte nobis debita nostra ne ut dimittimus debitoribus nostris.*

sance qui l'a aidé, jusqu'à ce qu'il ait payé sa dette. Plus l'acte désiré est bas, plus la puissance invoquée est mauvaise.

Et ce mystère nous donne la clef de la Rédemption, telle que nous l'a annoncée le Christ. Jésus a dit qu'il était venu pour racheter l'humanité; c'est-à-dire pour payer sa dette. Au moment où le Christ s'est incarné, nous étions tombés entièrement sous la domination des puissances mauvaises, et le mauvais karma allant en grossissant, nous étions dans l'impossibilité de nous dégager tout seuls. C'est alors que le Christ accepta de payer la dette de l'homme à la place de celui-ci, et put lui dire ensuite: va, tu ne dois plus rien, tu es libre.

C'est encore pour cela que le *Pater noster* se termine par cette phrase qui a été mal traduite également: « *Et libera nos a malo.* » On a traduit: « *Et délivrez-nous du mal* », en traduisant *malo* comme l'ablatif de *malum*, le mal. Mais *malo* peut tout aussi bien être l'ablatif de *malus*, le mauvais, l'Adversaire. Et alors les deux derniers versets du *Pater* s'enchaînent et se complètent admirablement: « *Remettez-nous nos dettes comme nous remettons les leurs à nos débiteurs et délivrez-nous du mauvais.* »

Des différentes espèces de péchés

Les théologiens divisent les péchés en véniels et mortels, suivant leur degré de gravité. C'est une division dont on peut accepter le principe, en disant que le péché véniel est celui qui nous retarde simplement dans notre évolution, et que le péché mortel est celui qui nous fait rétrograder et qui nous oblige ensuite à courir pour rattraper le temps perdu. Mais à ces deux catégories il faut en joindre une troisième: c'est le péché contre le Saint-Esprit.

L'Évangile dit que tous les péchés seront pardonnés, sauf le péché contre l'Esprit[34]. Qu'est-ce que ce péché ?

Ce texte simple a beaucoup embarrassé les commentateurs de l'Évangile qui ont beaucoup discuté sans trouver de solution. La meilleure réponse donnée, c'est que le péché contre le Saint-Esprit consiste à agir contre sa conscience. Et encore cela est tout à fait insuffisant, car dans cette définition peuvent rentrer à peu près tous les péchés.

D'autres auteurs ont dit que le péché contre le Saint-Esprit consistait dans la pratique de la magie (Ces auteurs n'étaient d'ailleurs pas des théologiens, car ceux-ci ne considèrent pas la magie comme un péché plus grave que les autres.) Cela n'est pas encore exact mais approche davantage de la vérité. On ne pèche pas nécessairement en faisant de la magie, mais on commet toujours en tout cas une grosse imprudence. Il est en effet entièrement impossible de faire de la magie sous une quelconque de ses formes sans conclure un pacte express ou tacite avec l'invisible. Celui qui s'imagine agir par ses propres forces, fît-il du simple magnétisme, est une dupe. Or il n'est pas besoin de dire quelle imprudence sans nom on commet en appelant ainsi à son aide des puissances qui sont entièrement inconnues.

D'autres encore ont dit que le péché contre le Saint-Esprit consistait à conclure un pacte avec le diable. Ici nous sommes tout à fait près de la vérité, bien qu'il y ait encore une nuance. Le diable tel que l'entendent les théologiens, avec ses cornes et ses griffes, n'existe pas. Mais il existe un ensemble de puissances mauvaises, l'Adversaire, l'Hostile, etc., avec lesquelles

---

34 . Mathieu (XII, 31-32) : « *C'est pourquoi je vous dis : tout péché et tout blasphème sera pardonné aux hommes, mais le blasphème contre l'Esprit ne sera point pardonné. Quiconque parlera contre le Fils de l'homme, il lui sera pardonné, mais quiconque parlera contre le Saint-Esprit, il ne lui sera pardonné ni dans ce siècle ni dans le siècle à venir.* »

l'homme peut s'associer. Continuons à nous servir du mot diable, mais en le prenant dans son sens symbolique.

Le pacte traditionnel avec le diable comprend tout d'abord une exécration, c'est-à-dire un serment solennel d'abandonner pour jamais Dieu et le plan céleste et de ne jamais invoquer d'autres aides que celles des forces infernales… Il comprend de plus une double promesse : promesse du démon d'assister celui qui l'invoque dans une entreprise déterminée, ou pendant un certain temps, et promesse de l'homme de lui appartenir ensuite corps et âme.

Si tout se bornait à la formule d'exécration, le péché contre l'Esprit Saint serait commis au moment même du pacte et l'exécrateur serait bel et bien perdu. Ce qui peut encore le sauver, c'est précisément le pacte lui-même, parce qu'un pacte comporte une promesse du démon, que l'accomplissement de cette promesse comporte un délai, et que pendant ce délai le malheureux peut encore se repentir, revenir sur ce qu'il a fait et déchirer le pacte. C'est pourquoi l'individu qui fait un pacte avec le mauvais n'est pas nécessairement condamné : tant que la promesse du diable n'est pas exécutée, il peut se repentir : l'hagiographie nous cite des exemples de ce genre. Mais si le pacte est accompli, tout est fini.

Ce que l'Évangile appelle le péché contre le Saint-Esprit consiste donc dans le fait de s'éloigner sciemment, librement et volontairement de Dieu, de renoncer à jamais et en connaissance de cause à toute vérité, toute bonté, toute beauté pour se livrer entièrement au mensonge, au mal, à la laideur, de préférer l'ombre à la lumière en sachant ce qu'est l'ombre et ce qu'est la lumière. Et c'est bien là pour l'âme humaine le crime nécessairement irrémissible, puisque cette âme n'existe qu'en tant qu'elle porte en elle un rayon divin. Si elle se sépare de ce rayon qui est le principe même de son existence, elle se condamne elle-même nécessairement et fatalement à mort. Le monde entier n'existe que parce que Dieu le soutient. Si Dieu cessait de soutenir un seul être, toute vie cesserait aussitôt pour lui. Or Dieu ne cesse jamais de soutenir aucun être, mais il n'est pas douteux que l'âme humaine n'ait le pouvoir de repousser son aide et de diminuer sa vie. C'est là le péché. Et si l'âme humaine arrive à se séparer complètement et à jamais de son principe, c'est la mort complète. Aussitôt commence ce lent et horrible travail de la lente désagrégation du corps céleste, dont nous avons déjà parlé et que l'Écriture a symbolisé par le ver rongeur et par les flammes qui ne s'éteignent pas.

Tel est le péché contre l'Esprit. Il est fort heureusement si infiniment rare qu'on peut se demander s'il a jamais été commis depuis que l'humanité existe.

VI

DES RELATIONS DE L'HOMME AVEC LE MONDE INVISIBLE

*

PÉNÉTRATION DE L'INVISIBLE SUR LE PLAN PHYSIQUE

Les plans invisibles sont peuplés d'êtres de toutes formes, en telle quantité que certains voyants déclarent éprouver comme une sensation de suffocation devant cette multitude qui encombre l'air, et se demandent s'ils pourront respirer.

La plupart des voyants ne perçoivent pas cette multitude : ils ne voient que certains êtres ou certaines scènes, parce que l'invisible les guide et ne leur laisse voir que certaines choses.

La première question qui se pose ici est donc de savoir comment l'on voit, comment le monde invisible peut se manifester à nous.

Vision intérieure et matérialisation

Il y a deux sortes de visions.

Dans le premier cas le voyant perçoit l'invisible par le moyen de l'un de ses corps intérieurs. Il voit dans le plan astral, dans le plan kamique, dans le plan mental, etc. Le voyant voit tout aussi bien les yeux fermés et même mieux, car il évite ainsi les distractions. Les autres assistants non-voyants ne voient absolument rien.

Dans le second cas, le voyant voit avec ses yeux matériels, il voit sur le plan physique. C'est alors que l'invisible se manifeste sur ce plan, et qu'il y a ce qu'on appelle en termes spirites une matérialisation. Quand l'esprit [35] qui veut se communiquer à l'homme ne peut pas être perçu directement par lui, il se revêt de corps de plus en plus matériels jusqu'à ce qu'il soit parvenu à se communiquer. S'il s'agit par exemple d'un habitant du plan mental, doué d'un corps mental, il commencera par revêtir un corps kamique pour essayer d'agir sur le corps kamique de l'homme auquel il veut se communiquer. S'il ne peut réussir, il revêtira un corps astral ; s'il échoue encore il revêtira un corps physique. L'esprit est alors matérialisé et visible pour tous les yeux [36].

À proprement parler l'apparition n'est visible à tous les yeux que lorsque la matérialisation est assez avancée. L'esprit qui se revêt de matière physique commence par revêtir de la matière éthérique. À ce moment, certaines personnes seulement peuvent apercevoir son corps éthérique, beaucoup d'autres ne voient rien du tout encore. À un degré plus avancé, l'esprit se revêt de

35. Nous ne prenons pas ici le mot esprit dans son sens spirite comme synonyme de désincarné, mais dans un sens plus large. Pour nous, un esprit est tout habitant quelconque des plans invisibles.

36. D'une manière générale, le phénomène de matérialisation est très pénible à réaliser pour un esprit, et tous ne peuvent y parvenir. Il est beaucoup plus difficile pour les esprits de descendre sur le plan physique qu'il n'est difficile à l'homme de s'élever dans les plans supérieurs. La raison en est que « *l'esprit se revêt pour descendre et se dévêt pour monte*r » suivant la vieille formule. L'esprit qui veut se manifester sur le plan physique doit triompher de deux difficultés : d'abord créer les corps invisibles qui lui manquent et ensuite s'en servir. Au contraire, l'homme qui possède ses cinq corps n'a rien à créer du tout quand il veut aller dans l'invisible et peut se contenter de se servir de ce qu'il possède.

matière à l'état vaporeux ; tout le monde peut alors le voir, mais sans pouvoir le toucher, il est impalpable, les mains passent à travers ce corps vaporeux. Enfin, à un degré plus avancé encore de condensation, la matérialisation devient complète et l'esprit est visible et palpable pour tous. Ce dernier phénomène est d'ailleurs très rare.

Quand l'apparition est à l'état éthérique, elle peut parler ou bien rester muette. À l'état vaporeux, elle reste généralement muette. À l'état physique, elle parle.

D'une manière générale il ne faut pas se fier au critérium donné par certains occultistes, d'après lequel toute apparition ne parlant pas serait une simple image astrale. Il y a des apparitions d'esprits qui restent absolument muettes, parce que la force nécessaire à l'esprit pour se matérialiser est entièrement différente de la force qui lui est nécessaire pour parler. Réciproquement, il y a des images astrales qui s'accompagnent de paroles proférées simultanément et qui paraissent émises par l'image elle-même. Les apparitions, quelle que soit leur origine, sont généralement de peu de durée, car l'esprit matérialisé est dans un état d'équilibre instable, très pénible à conserver. Elles ont lieu par deux procédés différents : avec ou sans médium.

L'apparition avec médium est la plus facile à obtenir. Le médium à matérialisation est un être qui a le pouvoir d'extérioriser sa propre substance et qui fournit ainsi à l'esprit la matière nécessaire à sa matérialisation toute prête, toute vitalisée.

Lorsqu'il n'y a pas de médium humain, l'esprit emprunte la matière dont il a besoin pour se revêtir à un animal ou plutôt à une plante. C'est pourquoi un très grand nombre d'apparitions se produisent dans les bois. Ils peuvent encore en emprunter aux cadavres ; de là les phénomènes de hantise dont les cimetières sont souvent le théâtre.

Les apparitions de vivants qui se produisent quelquefois et constituent le phénomène de bilocation ou de multilocation procèdent suivant des lois analogues. Tantôt le sujet dédoublé se sert de médium à lui-même et, pendant le temps que dure le dédoublement, reste plongé dans un état léthargique, privé de conscience ; tantôt il opère par la force d'un pouvoir spirituel spécial tout en conservant sa pleine conscience dans son corps normal [37].

---

37. Les deux exemples bien connus et bien constatés historiquement que l'on peut citer à l'appui de ces deux cas sont ceux de François Xavier et d'Alphonse de Liguori. François Xavier (un des compagnons de Loyola) se trouvait un jour à bord d'un navire dans les mers du Japon. Un canot contenant quelques hommes avait été envoyé pour opérer une reconnaissance au loin ; ce canot ne reparaissait plus, et le capitaine impatient parlait de lever l'ancre sans l'attendre. François Xavier le suppliait de n'en rien faire et lui affirmait que le canot n'était pas loin. Par ses supplications, il arriva à gagner un temps assez long, et au moment même où le capitaine décidé à ne plus rien entendre, donnait l'ordre de lever l'ancre, le canot apparut à l'horizon. Tous les hommes qu'il contenait déclarèrent qu'alors qu'ils avaient perdu leur route, ils avaient été très surpris de voir tout à coup au milieu d'eux François Xavier en chair et en os, qui leur indiquait la route à suivre et les invitait à « souquer ferme » parce que le capitaine les attendait. Au moment où le canot accosta au navire, les matelots ne virent plus François Xavier parmi eux, mais ils l'aperçurent penché sur le bastingage, et qui les regardait monter.

Saint Alphonse de Liguori, qui vécut au XVIIe siècle, tomba un jour en léthargie profonde dans son fauteuil à Arienzo, et resta trois jours dans cet état. En s'éveillant il annonça que le pape Clément XIV venait de mourir. Et pendant ces trois jours, de nombreux témoins avaient vu Alphonse de Liguori présent au lit de mort du pape.

Marie d'Agreda également pendant les périodes de léthargie qu'elle avait dans sa cellule en Espagne, put catéchiser un grand nombre de Peaux-Rouges dans l'Amérique du sud. Ce qui est très remarquable dans ce cas, c'est que Marie d'Agreda éprouvait les sensations physiques d'un

La clef de tous les phénomènes qui se produisent en présence d'un médium, nous a été donnée par Crookes dans ses célèbres expériences avec Katie King. Il y a dématérialisation partielle du corps des médiums et formation d'un second corps dans lequel s'incarne l'esprit au moyen de cette matière empruntée au médium. F. Crookes a pu en effet observer que son médium miss F. Cook ne pesait plus que la moitié de son poids ordinaire pendant les matérialisations de Katie King, et que Katie King pesait précisément l'autre moitié de son poids, ce qui est significatif. À la fin de l'expérience, l'esprit rend au médium la matière qu'il lui a empruntée.

Aksakoff eut même l'occasion de constater que l'emprunt de matière pouvait s'étendre non seulement au médium mais même aux assistants. Il opérait avec Mme d'Espérance, et constatait que le poids de l'apparition joint au poids momentané de Mme d'Espérance donnait un total plus fort que le poids normal de Mme d'Espérance. Il y avait donc adjonction de matière et divers indices permirent de constater que cette matière venait des assistants[38].

---

véritable voyage : temps écoulé entre le départ et l'arrivée, transport au-dessus des terres et des mers, changement de température, etc.

Ces cas sont relatés dans *La Lumière* des septembre, octobre 1901.

38. Il y eut un jour un phénomène assez curieux et assez significatif à ce sujet. Mme d'Espérance ne fumait pas et avait horreur du tabac. Or, après une séance elle s'aperçut que son corps sentait fortement le tabac ; il y avait eu un fumeur parmi les assistants. Quand une apparition emprunte de la matière à plusieurs personnes, ces matières sont mélangées et à la fin de l'expérience, c'est la masse mélangée et indivise qui est répartie entre tous les assistants, si bien que d'une personne à l'autre un échange de matière se produit. Une partie de la matière de Mme d'Espérance était passée dans le fumeur, une partie de la matière du fumeur était passée à Mme d'Espérance. Ce phénomène est à signaler parce que la transmission d'une maladie ou d'une diathèse organique quelconque peut parfaitement s'effectuer par ce procédé.

Dans certains cas, le médium au lieu de se dématérialiser partiellement pour prêter un corps à une apparition, peut se dématérialiser complètement pour se transporter lui-même d'un point à un autre. C'est le cas du médium du Dr Mac Nab, qui passa deux fois de suite à travers un mur, le cas du brahim qui, en présence de Jacolliot, disparut de la pièce hermétiquement close où il se trouvait, et se retrouva derrière la porte ; le cas d'Annie Besant, prisonnière un jour à Londres d'une foule compacte, qui sur une simple invocation de ses « aides invisibles », se trouva subitement transportée hors de la foule, etc.

Il faut aussi citer à cette place un phénomène curieux arrivé pendant les expériences de Crookes. Un jour, un assistant sceptique croyant en dépit des précautions de contrôle que Katie King n'était autre que F. Cook en personne, résolut de s'en assurer sans prévenir personne. Au moment où Katie King passait devant lui, il la saisit à bras le corps et la serra fortement dans ses bras. Katie King poussa un cri aigu et le sceptique trouva dans ses bras... le corps de F. Cook évanoui. Bien entendu, il triompha bruyamment. Et cependant le phénomène avait une toute autre explication que celle de la supercherie. F. Cook et Katie King formaient bien deux individualités distinctes, plusieurs fois vues et photographiées côte à côte, mais le corps de Katie King n'était qu'une portion du corps de F. Cook. Cette partie étant brusquement saisie et emprisonnée, le médium en avait reçu une secousse épouvantable et sa seconde moitié ne pouvant revenir à lui, c'est la première moitié qui s'était instantanément dématérialisée, pour aller rejoindre la seconde et former à nouveau le tout complet. Voilà comment Katie King avait pu instantanément se transformer en F. Cook. Un détail le prouve bien: F. Cook était toujours vêtue d'une robe noire et K. King d'une robe blanche. Le sceptique avait saisi dans ses bras K. King vêtue de blanc et trouvé aussitôt dans ses bras F. Cook vêtue de noir. Cette substitution instantanée de vêtement aurait constitué un tour d'escamotage impossible à réaliser.

À la suite de cette aventure, F. Cook fut d'ailleurs entre la vie et la mort et resta malade près d'un an. Et cela explique les précautions que prennent toujours les « esprits » pour éviter d'être touchés à l'improviste. Ceci dit sur les phénomènes de bilocation, revenons aux apparitions. Nous avons vu que les apparitions provoquées par la présence d'un médium étaient les plus faciles, ce qui expliquait la prodigieuse abondance des phénomènes spirites, et qu'en dehors de ce cas, c'était aux arbres que les esprits de tout ordre empruntaient le plus volontiers les forces nécessaires pour le travail de matérialisation.

Il est encore une autre substance qui fournit aux esprits un élément excellent pour se manifester: cet élément, c'est le sang répandu. Le sang contient en effet un fluide subtil, semi astral, que les anciens appelaient la « vapeur du sang », dont les esprits se servent très aisément pour leurs matérialisations. Toute effusion de sang attire des êtres de l'invisible et favorise leurs manifestations. De là l'usage des sacrifices sanglants en magie, surtout en magie noire et dans toutes les religions primitives, qui consistaient surtout en évocations. Tout le monde se souvient de la scène de l'évocation des morts par Térésias et qu'Homère décrit dans *l'Odyssée*.

Toutes les religions anciennes ont fait usage de sacrifices sanglants et il est même à peu près certain que toutes ont commencé par les sacrifices humains. Les sacrifices humains des Druides ou ceux des adorateurs de Molock sont bien connus. Les Israélites ont certainement pratiqué aussi ces sacrifices, et l'histoire allégorique d'Abraham marque l'époque à laquelle ils furent supprimés et remplacés par des sacrifices d'animaux. Par ce moyen, les anciens entraient en rapport avec ce qu'ils appelaient la Divinité, c'est-à-dire avec certains êtres invisibles plus ou moins bons, plus ou moins élevés. Le Dieu des Juifs Javeh n'était lui-même qu'une entité de cette nature. (N.d.E.: Nous ne partageons évidemment pas cette affirmation.)

Les propriétés du sang répandu font que les manifestations occultes deviennent plus faciles là où il y a eu effusion de sang: lieu de sacrifice, lieu de combat, lieu d'assassinat, etc.

Ces lieux peuvent alors présenter des phénomènes que l'on n'observe pas ailleurs.

Ceci nous amène à parler des lieux hantés.

Des lieux hantés

On appelle lieu hanté un lieu dans lequel se produisent certaines manifestations d'ordre occulte, dont le champ paraît circonscrit à ce lieu. Très généralement le lieu hanté est une maison, mais ce peut être aussi tout autre chose.

Les phénomènes qui se déroulent dans les lieux hantés sont d'ordre très variable et se rattachent à des causes diverses, qu'il faut distinguer.

Une première grande classification bipartite s'impose: c'est celle qui divise les lieux hantés avec médium et lieux hantés sans médium. Ces deux cas doivent être nettement séparés.

1- LIEUX HANTÉS AVEC MÉDIUM

Tout d'abord les phénomènes de hantise dans un lieu déterminé peuvent tenir à la présence d'un médium dans ce lieu. Nous sommes alors en présence d'un pseudo lieu hanté, car ce n'est pas le lieu qui est hanté, c'est le médium. Si le médium change de maison, les phénomènes le suivent. C'est le cas notamment de la maison hantée d'Yzuires.

Le médium qui produit les hantises est un type de médium spécial. Le médium ordinaire est un être normal, qui met sa force psychique en jeu, quand il communique avec l'invisible, et qui, une fois la séance terminée, redevient semblable à tout le monde. Au contraire, le médium à hantise est un malade, un déséquilibré qui est affligé d'une perte de force nerveuse, comme d'autres sont affligés d'une perte de sang. Sa force s'échappe de lui et s'éparpille à l'entour, à tout instant, sans qu'il en ait aucune conscience, et toutes les entités de l'invisible sont libres de s'en emparer pour produire les phénomènes qu'elles désirent. Ces médiums ont été connus de tous temps, mais autrefois on les rangeait parmi les sorciers et on les brûlait. Un des premiers médiums de hantise que l'on ait étudié fut Angélique Cottin, la « femme électrique » [39]. Un autre [cas] remarquable fut la jeune Renée Sabourault. Les phénomènes de Cideville furent dus en partie à la médiumnité des enfants de cœur, mais ceux-ci n'étaient devenus médiums que parce que le berger Thorel les avait touchés ; le phénomène se compliquait donc de sorcellerie. Les phénomènes de hantise dus à la présence d'un médium ont toujours un caractère de désordre et de violence : vacarme effroyable, hurlements, bris de vaisselle et de meubles, pierres lancées contre la maison, coups reçus par les assistants, et autres phénomènes analogues brutaux et malfaisants. Si l'on essaye d'obtenir des communications et de poser des questions, on obtient rarement des réponses, si ce n'est quelques injures ou quelques obscénités. Les phénomènes cessent parfois brusquement pendant un certain temps, puis reprennent brusquement sans raison apparente. Rien n'est fixe, rien n'est régulier, tout est désordre et incohérence.

39. A. de Rochas, *L'extériorisation de la motricité*, p. 429 et suiv.

2- Lieux hantés sans médium

Cette seconde catégorie constitue les véritables lieux hantés. Le phénomène se produit quels que soient les habitants de la maison, et même que la maison soit habitée ou non.

Dans cette catégorie rentrent encore divers types de phénomènes. Nous allons tout d'abord étudier le plus fréquent, le phénomène type en quelque sorte.

Ce phénomène consiste ordinairement soit en bruits, voix, etc., soit en apparitions. Par exemple, dans une chambre d'un vieux château on voit, sur le coup de minuit, apparaître une femme pâle, échevelée, qui traverse la pièce en lançant aux spectateurs un regard déchirant, puis disparaît à travers le mur. Ou encore, on aperçoit un homme que poursuivent deux assassins. Les assassins le rejoignent, le poignardent, le sang coule et tout disparaît. Les anciennes légendes sont pleines de ces récits.

Le caractère distinctif de ce phénomène, c'est sa périodicité. Il se reproduit toujours identique à lui-même, au bout d'un temps déterminé, par exemple toutes les vingt-quatre heures ou tous les ans. De plus, jamais un détail de la scène ne change.

Ordinairement, les êtres qui se manifestent ainsi sont des esprits à l'état vaporeux, impalpables. Ils sont silencieux ou parlent entre eux sans paraître se douter de la présence du spectateur [40].

---

40. Voici par exemple le récit d'un phénomène de ce genre qui fut observé il y a une cinquantaine d'années, dans le centre de la France. Un pauvre homme du village avait l'habitude d'aller toutes les nuits ramasser du bois. Une nuit qu'il était en train de se reposer sous un gros arbre, près d'un vieux château en ruines, il entendit soudain du bruit et vit déboucher sur la route au triple galop une voiture contenant d'assez nombreux personnages. L'un d'eux au milieu de la voiture était enchaîné et tous les autres le frappaient de la main ou du bâton, de toutes leurs forces. La voiture passa devant lui et se dirigea droit vers le château. Un pont-

(Nous disons ordinairement, parce que quelquefois les choses se passent autrement, mais cela est exceptionnel.)

Quelle est la raison d'être de cette périodicité et comment peut-on expliquer le phénomène ? Certains occultistes affirment que ces « revenants » sont des âmes condamnées en punition d'un crime, à revenir périodiquement répéter la scène de ce crime. Il est bien vrai que lorsqu'on cherche à découvrir l'origine des phénomènes de hantise, on s'aperçoit que ces phénomènes datent d'un crime (ou de toute autre scène violente susceptible de provoquer un violent dégagement passionnel) qui a eu lieu dans la maison hantée depuis ce moment. Mais l'hypothèse de la punition est simplement absurde. Punition infligée par qui ? Par Dieu ? Mais Dieu ne nous punit jamais et c'est un blasphème que de parler de punition divine. Et quelle singulière punition : en supposant que ce soit les âmes d'un assassin et de sa victime qui reviennent ainsi jouer la scène du meurtre, s'il y a punition problématique pour l'assassin, il y a punition très certaine pour la victime innocente, qui se voit ainsi condamnée à être assassinée un nombre de fois indéfini. C'est tout simplement absurde. L'explication du phénomène est la suivante : la

---

levis (qui n'existait pas dans la réalité) s'abaissa et la voiture s'engouffra sous la porte. Notre homme qui ne s'attendait à rien de semblable était en proie à un mélange de terreur et de curiosité. La curiosité l'emporta et le fit rester à sa place. Il vit alors toutes les fenêtres du château s'éclairer, des ombres passer et repasser devant. Il entendit des voix, des chants, des cris. Cela dura ainsi un temps assez long, puis tout s'éteignit. La porte du château se rouvrit, la voiture mystérieuse repartit au triple galop, contenant toujours le même personnage enchaîné, sur lequel les autres frappaient à tour de bras, et le tout s'évanouit au loin.

Le spectateur de cette scène rentra chez lui terrorisé. Quand il en parla le lendemain aux habitants du village, ceux-ci s'étonnèrent qu'il n'en ait jamais ouï parler, lui affirmant que la même scène se reproduisait tous les ans à la même époque, et que plusieurs personnes qui l'avaient vue comme lui par hasard en étaient à demi mortes de peur.

hantise a à l'origine un dégagement passionnel considérable par un ou plusieurs êtres humains. Les sentiments les plus violents, ceux de douleur, de haine, de désespoir extrêmes, sont ceux qui y donnent lieu le plus fréquemment, c'est pourquoi la scène première cause de hantise est généralement un assassinat ou un suicide. L'effusion de sang peut faciliter le phénomène ainsi que nous l'avons vu. Ce mouvement passionnel provoque un courant astral formidable et imprime une secousse violente au plan astral en ce lieu. De cette secousse résulte une impression dans l'invisible qui va devenir l'origine du phénomène.

Pour bien comprendre ce qui se passe, établissons une analogie entre le phénomène que nous étudions et un certain phénomène électrique, à savoir la décharge d'un conducteur électrisé sur un autre conducteur à moindre potentiel.

L'analogie est rigoureuse, bien que les fluides astraux ne doivent pas être confondus avec l'électricité, car la décharge astrale sur le plan astral est régie exactement par les mêmes lois mathématiques que la décharge électrique sur le plan physique.

Or, quand un conducteur électrisé se décharge sur un conducteur de potentiel moindre, la loi de cette décharge peut s'exprimer par une équation différentielle linéaire du second ordre qui peut avoir des racines réelles ou bien imaginaires.

Les racines réelles correspondent à la décharge instantanée par une seule étincelle. La courbe correspondante exprimant les lois de cette décharge part de 0, croit, passe par un maximum, décroît et s'annule.

Les racines imaginaires correspondent au contraire au phénomène connu sous le nom de décharge oscillante. La décharge a lieu par une série d'étincelles qui éclatent à intervalles réguliers, en décroissant d'intensité jusqu'à ce que la décharge soit entièrement terminée. La courbe correspondante sera une sinusoïde partant de zéro, croissant, passant par un maximum, décroissant, repassant par 0, devenant négative [41], repassant par un maximum et un 0, redevenant positive, etc. Seulement, cette sinusoïde ira en diminuant progressivement d'ampleur et finira par mourir en se confondant avec une droite.

Cette double loi mathématique exprime aussi bien les lois de la décharge astrale que de la décharge électrique. Dans le premier cas la décharge sera instantanée et ira en se propageant par ondes successives tout autour du lieu de la décharge. Tous les cerveaux qui seront réceptifs à l'égard de cette onde la percevront, et nous serons en présence de phénomènes de télépathie [42]. Les personnes à cerveau réceptif verront soudain la scène, ou entendront les voix des acteurs, ou bien si elles sont moins sensibles, éprouveront une sensation plus ou moins vague, une hallucination quelconque, ou encore en reverront la nuit, ou auront une intuition, etc.

Dans le second cas, c'est la décharge oscillante périodique qui se produit. L'image astrale de la scène est vitalisée et photographiée dans l'invisible. Ou, pour parler plus exactement, il se forme un être invisible, un élémental kama-manasique qui constitue une véritable image réelle de la scène, qui est vivant, mais qui n'a en guise d'âme que l'impulsion reçue une fois pour toutes lors de sa création, et qui obéit à cette impulsion en reproduisant tous les détails de la scène jusqu'à ce que sa force vive soit épuisée. La loi de la sinusoïde explique la périodicité du phénomène, les maximums d'intensité correspondant à des périodes de visibilité. La période est généralement d'un jour ou d'un an. À chaque période, le phénomène décroît en intensité

41. C'est-à-dire dont les ordonnées deviennent négatives.

42. Pour qu'un cerveau soit réceptif, il faut d'abord qu'il soit suffisamment sensitif, et ensuite qu'il soit uni par un lien (parenté, affection) au cerveau qui effectue la décharge. Voir le livre de Flammarion: *L'inconnu*.

jusqu'à ce qu'il n'apparaisse plus que d'une manière vague et indécise, puis enfin plus du tout. À ce moment cependant le phénomène existe toujours, mais la force nécessaire à sa matérialisation n'est plus, et seul un voyant peut encore la percevoir, parce qu'il se déroule entièrement dans l'invisible.

Quelquefois, la durée du phénomène est courte, en deux ou trois apparitions l'énergie qui le provoque s'épuise complètement. Assez souvent au contraire, la durée des phénomènes de hantise est très prolongée [43]. L'amplitude plus ou moins grande des arcs de la sinusoïde qui exprime la loi de périodicité donne la raison des ces différences, et cette amplitude plus ou moins grande tient elle-même aux conditions dans lesquelles le phénomène a pris son origine.

Le phénomène que nous venons de décrire est ce que l'on peut appeler le phénomène type de la hantise sans médium. Mais ce n'est pas le seul. D'autres formes phénoménales sont bien connues.

* *Dames blanches*

Une forme particulière de hantise qui n'est pas très rare est la hantise de ce qu'on nomme généralement les dames blanches. Dans certaines familles, chaque fois qu'un événement important est sur le point de s'accomplir, une forme fantômale fait son apparition silencieuse aux yeux d'un ou plusieurs des membres

---

43. Nous avons par exemple reçu plusieurs lettres d'un curé du Midi de la France qui nous décrivait des phénomènes de hantise dont son presbytère était l'objet, en nous demandant des conseils pour les faire cesser. À sa connaissance, tous les curés qui s'étaient succédés dans ce presbytère depuis une centaine d'années avaient été témoins des mêmes phénomènes.

de la famille [44]. Ce fantôme est ordinairement une figure de femme, habillée de blanc (d'où le nom de dame blanche) ou d'autres couleurs (il existe des dames grises, des dames noires et des dames de toutes couleurs) ; ses traits sont ordinairement ceux d'une des aïeules de la famille.

L'événement que vient le plus ordinairement annoncer une dame blanche est un décès dans la famille. Chaque décès est alors précédé d'une apparition, et chaque apparition annonce un décès.

Le phénomène des dames blanches diffère donc du précédent en ce qu'il n'est pas périodique et se trouve régi par d'autres lois. Cependant, la loi de l'intensité décroissante lui est également applicable, car la dame blanche diminue peu à peu d'intensité à chaque apparition et finit par s'évanouir.

* *Âmes en peine*

Un autre phénomène bien connu est celui des âmes en peine. Ce sont des formes de défunts qui apparaissent quelque temps après leur mort et hantent un lieu déterminé.

L'origine de l'âme en peine est un remords ou un désir inassouvi du défunt au moment de son trépas. Ce sera le cas d'un homme qui se sentira vivement tourmenté à son lit de mort par le souvenir d'une dette impayée, ou très inquiet sur le sort d'une personne qui lui est chère, ou terrorisé par la peur de l'enfer, etc.

Il se peut que dans certains cas l'âme du défunt fortement attachée à la terre par ce désir revienne réellement dans ses corps invisibles hanter le lieu de sa mort, comme le croit la tradition populaire.

---

44. La famille Hohenzollern, notamment, possède une dame de ce genre.

** Des revenants et autres cas*

Il est plus probable que dans la majorité des cas, le sentiment violent éprouvé par le défunt au moment de sa mort crée un elémental kama-manasique qui produit ensuite le phénomène de hantise en se matérialisant plus ou moins suivant la loi de périodicité. Nous rentrons alors dans le cas du phénomène type.

Quelle que soit l'origine du phénomène, l'apparition est toujours mue par un désir qu'elle tâche d'exprimer plus ou moins clairement, par un moyen ou par un autre ; désir de faire payer une dette, désir de faire dire des prières, désir de recevoir une sépulture, etc. Sitôt le désir exaucé, l'apparition cesse.

Enfin, d'autres cas de hantise peuvent encore se présenter.

La hantise peut venir d'un sorcier vivant qui agit en corps astral, ou se fait obéir par les invisibles. Nous rentrons alors dans un cas particulier d'envoûtement.

Elle peut venir aussi d'esprits obsesseurs qui ont trouvé le moyen de se matérialiser suffisamment, même sans médium, pour agir. Ce dernier cas est souvent très dangereux. On a vu des spectateurs du phénomène blessés ou tués par les invisibles. Tous les phénomènes que nous venons de relater appartiennent à une même première catégorie. C'est l'invisible qui se matérialise plus ou moins pour agir sur le plan physique.

Une seconde catégorie inverse de la précédente comprend les phénomènes provoqués par l'homme qui pénètre dans l'invisible en se séparant plus ou moins de son corps physique.

VII

PÉNÉTRATION DE L'HOMME DANS L'INVISIBLE

Sortie en Astral

Une premier moyen de pénétrer dans l'invisible, indiqué par tous les traités d'occultisme et ambitionné par tous les étudiants occultistes, c'est la sortie en astral.

D'une manière générale, la sortie en astral consiste à séparer du corps physique le corps astral, qui emporte avec lui l'âme et tous les autres corps invisibles. L'expérimentateur qui a réussi à sortir en astral se trouve dans les mêmes conditions que l'homme après sa mort. Il vit sur le plan astral, comme nous sur le plan physique, perçoit les êtres qui l'habitent, communique avec eux, passe à travers les corps matériels, etc.

La sortie en astral est considérée à tort par les débutants comme une œuvre admirable et presque indispensable à leurs progrès en occultisme, qui doit devenir l'objet de leur ambition et de leurs efforts. La vérité est que la sortie en astral est un véritable tour de dislocation, extrêmement pénible, prodigieusement dangereux et sans utilité ou à peu près, contre lequel on ne saurait jamais assez mettre en garde les imprudents.

De plus, la sortie en astral est assez mal connue, et parfois confondue avec d'autres phénomènes du même ordre : la sortie mentale par exemple. Nous devons donc étudier le phénomène de plus près. Le corps astral, nous l'avons vu précédemment, se subdivise en trois parties: corps astral supérieur, moyen et inférieur. Les corps astraux supérieurs renferment la sensibilité, la mémoire, etc. Le corps astral inférieur a une autre fonction: il est le régulateur de la vie organique.

Chaque cellule de l'organisme est un être vivant complet, ayant son existence propre et indépendante. C'est le corps astral inférieur qui fait un tout unique de cet amas d'âmes cellulaires en les disciplinant, les réglementant et les coordonnant en un tout unique. C'est lui qui préside à toutes les fonctions de la vie organique.

Supposons donc tout d'abord que le corps astral tout entier sorte du corps physique et se détache de lui. Que va-t-il se passer? Pendant un certain temps, la discipline des cellules se maintiendra, la vie organique continuera avec la même régularité, bien qu'affaiblie, à la façon du volant d'une machine qui continue à tourner quoique la machine soit arrêtée. L'individu sera en état de léthargie ou de mort apparente. Si le corps astral revient au corps physique avant que cette période ne soit terminée, il pourra ressaisir la direction de l'organisme et l'individu pourra revenir à la vie. Mais si la séparation du corps astral se prolonge davantage, l'impulsion reçue par l'organisme s'éteint, chaque cellule reprend sa complète indépendance et l'anarchie organique commence. Cette anarchie se caractérise par le travail de putréfaction et de décomposition. À ce moment, l'individu est bien mort, quand bien même le corps astral tenterait de rentrer dans le corps physique, il lui serait impossible de ressaisir la direction d'un organisme détraqué et de triompher de l'anarchie des cellules [45].

45. C'est cependant dans cette seconde période que le Christ a ressuscité Lazare qui était au tombeau depuis quatre jours et sentait déjà mauvais. Les exégètes ont beaucoup critiqué ce miracle et n'ont voulu y voir qu'un symbole de l'âme pécheresse ressuscitée par le Verbe divin. Que ce

Ceci suffit à montrer que l'extériorisation complète du corps astral est à peu près impossible à obtenir et n'est pas en tout cas une expérience à tenter, car ce phénomène n'est pas autre chose que ce que nous nommons la mort, mort apparente d'abord, puis réelle.

Toute mort commence d'abord par être apparente avant d'être réelle, et il n'est pas impossible dans cette première période de ramener à la vie le soi-disant défunt. Généralement, il n'en est pas ainsi, parce que lorsque l'âme quitte le corps, c'est que celui-ci est blessé, usé ou fatigué et hors de service. Mais la chose est possible dans certains cas. On voit quelquefois le phénomène se produire spontanément. Alors les médecins qui avaient déjà conclus à la mort réelle et donné le permis d'inhumer déclarent qu'ils se sont trompés et que le patient était simplement en léthargie. On le voit parfois aussi se produire sous l'influence d'un autre homme, et on range alors cette soi-disant résurrection parmi les opérations magiques. Il peut parfois suffire qu'un être aimé du défunt l'appelle forte-

sens allégorique existe, cela est certain, mais à notre avis, le luxe de détails dont Jean entoure le récit de ce miracle suffit à prouver qu'il s'agit bien d'un événement historique. On trouve dans le récit évangélique tous les détails du mode opératoire, si l'on peut ainsi parler, employé par le Christ. La résurrection a lieu en deux périodes. Dans la première, Jésus prépare les esprits autour de lui en donnant quelques paroles d'espoir, en manifestant son affection pour le défunt de manière à créer dans l'invisible une chaîne entre tous les assistants. Puis il se fait conduire au tombeau et là commence la seconde période. Son exhortation à Marie renforce la foi et le désir commun de tous les assistants, crée un élémental kama-manasique dont il fait une sorte de corps astral artificiel qu'il envoie dans le corps de Lazare pour lui imposer sa volonté. Puis il invoque le Père, parce que seul le principe divin lui-même est capable de triompher de l'anarchie des cellules. Et une fois l'ordre miraculeusement rétabli dans ce corps en décomposition, il appelle Lazare qui arrive revêtu de tous ses corps invisibles et qui reprend possession de son corps tandis que le corps astral artificiel qui a servi d'instrument au Christ lui cède la place.

ment pour déterminer son retour sur terre et c'est à ce fait que se rattache l'usage corse des *voieros*. Les voiératrices qui passent toute une nuit à appeler le défunt, à lui reprocher son départ, etc., ne font qu'essayer de ressusciter le mort.

Le phénomène qu'on appelle couramment la sortie en astral consiste en réalité en une sortie des corps astraux supérieur et moyen, le corps astral inférieur restant dans le corps physique et entretenant sa vitalité.

Ce phénomène peut lui-même se présenter dans des circonstances très différentes.

Le plus souvent il n'y a pas même véritablement sortie des deux corps supérieurs mais seulement une sorte de luxation.

Quand le phénomène s'accentue et que la sortie se produit véritablement, il y a toujours et nécessairement léthargie concomitante du corps physique. L'astral inférieur reste alors uni à l'astral extériorisé par un cordon fluidique, plus ou moins long, mais dont la longueur dépasse rarement quelques mètres. La rupture de ce cordon invisible mettrait en grand danger la vie de l'opérateur.

Le corps astral extériorisé peut entraîner avec lui les corps invisibles et l'âme ; la conscience est alors transportée dans le corps astral. Mais il n'en est pas nécessairement ainsi. Dans les matérialisations spirites, l'apparition se forme grâce à une sortie astrale du médium, mais ce corps astral extériorisé est occupé par un esprit étranger et non pas par l'âme du médium (quand l'âme du médium s'incarne dans la matérialisation, l'ancien corps peut être entièrement dématérialisé et on se trouve en présence de ces phénomènes de dématérialisation du médium signalés par Aksakoff et Mac Nab). Le danger le plus considérable de la sortie astrale, c'est que l'opérateur risque, lorsqu'il veut rentrer dans son corps, de trouver celui-ci occupé par un esprit étranger. S'il ne peut rentrer, c'est la mort pour lui (alors que le corps, mû par un autre esprit continue à vivre). S'il rentre et qu'il soit obligé de partager avec le nouvel occupant, c'est l'obsession et la folie. Il ne faut donc tenter des expériences de ce genre qu'avec le concours d'un maître sûr et expérimenté, et en étant bien gardé.

Enfin, la sortie en astral peut avoir lieu parfois, indépendamment de la volonté de l'opérateur, sous l'action d'une volonté étrangère.

Elle peut avoir lieu tout d'abord par l'action et sous la direction de l'invisible. En ce cas, tous les dangers et toutes les difficultés de l'opération sont aplanis. L'être extériorisé peut s'éloigner de son corps, non plus à quelques mètres, mais bien à des centaines de kilomètres, comme Marie d'Agreda, sans avoir rien à craindre. Mais lorsque ce phénomène se produit, c'est que l'invisible le veut et que celui qui en est l'objet est chargé d'une mission [46].

Elle peut avoir lieu parfois sous l'action d'un médium. On a vu certains médiums jouir du pouvoir singulier d'évoquer les vivants. Le vivant évoqué est extériorisé, son corps tombe en léthargie et son esprit vient répondre à l'appel du médium. Une expérience de ce genre est prodigieusement dangereuse pour l'évoqué.

Elle peut encore avoir lieu, et surtout pendant le sommeil, sous l'action d'un magicien qui agit lui-même en corps astral et

---

46. Katie King elle-même, ainsi que miss F. Cook son médium, peuvent être considérées comme ayant été chargées d'une mission, car les résultats obtenus dans les expériences de Crookes dépassent de beaucoup ceux des expériences similaires.

En général d'ailleurs, il faut bien nous persuader que toutes nos inventions humaines et toutes nos découvertes scientifiques ne se produisent que lorsque l'invisible le permet. Quand le temps de la découverte n'est pas venu, le plus grand génie humain ne trouvera jamais rien et passera vingt fois à côté d'une idée essentielle sans la voir. Quand le temps est venu, l'idée est dans l'air, et si elle ne s'incarne pas dans un cerveau, elle s'incarnera dans un autre, mais elle arrivera toujours au jour.

vient extraire de son corps physique le sujet choisi par lui pour s'en servir ensuite. L'esprit ainsi détaché de son corps devient ce qu'on nomme une âme volante ou un esprit volant. Il peut servir au magicien à accomplir ses desseins les plus criminels sans en être responsable et sans s'en souvenir au réveil. De telles agressions sont heureusement aussi rares que difficiles et elles échouent complètement, lorsque l'individu qui en est la victime est gardé ou protégé par une puissance du plan céleste.

Sortie en mental

La sortie en mental est l'opération qui consiste à isoler momentanément le corps mental des corps kamique, astral et physique, en en faisant le véhicule de l'âme et de la conscience. C'est une opération analogue à la sortie en astral, mais pratiquée au moyen d'un corps invisible d'ordre plus élevé. Aussi le phénomène de la sortie en mental est-il d'ordre beaucoup plus élevé que celui de la sortie en astral. Autant la sortie en astral est violente, dramatique, dangereuse et douloureuse, autant la sortie en mental est simple, élevée, discrète et relativement facile.

La sortie en mental se produit à la suite d'une tension plus ou moins énergique du corps mental, sur l'idée d'une personne ou d'un objet déterminé.

On peut distinguer plusieurs degrés dans le phénomène. Tout le monde connaît le phénomène qui consiste à rappeler devant son imagination un objet connu et à s'en retracer une image. Suivant le tempérament de l'opérateur, l'image sera plus particulièrement visuelle et auditive, ou visible et auditive à la fois, mais elle se manifestera toujours suivant la même loi. Elle apparaîtra devant l'esprit un peu vague au début, croîtra et passera par un maximum d'intensité, puis décroîtra et s'effacera [47].

---

47. Ceci est l'expression d'une loi générale. Tout phénomène naturel croît, passe par un maximum, puis décroît. Si l'on représente les temps sur la ligne des abscisses et les intensités sur la ligne des ordonnées, la courbe exprimant la loi du phénomène se trouvera être une parabole.

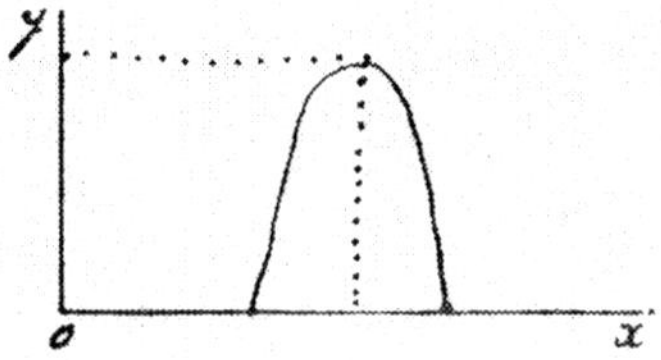

Quand un phénomène paraît d'une intensité constante, cela provient d'une illusion. C'est qu'alors nous sommes en présence d'une succession de phénomènes qui obéissent tous à la loi générale. Mais les maxima de ces phénomènes étant très rapprochés les uns des autres, d'autant plus rapprochés que les phénomènes se succèdent plus fréquemment, nous avons une illusion de continuité du maximum phénoménal.

La loi en question se traduira graphiquement ainsi :

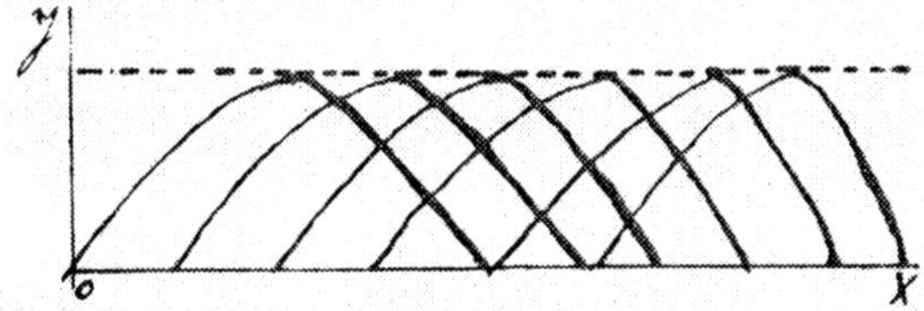

Il est facile de voir sur ce graphique que l'intensité du phénomène (correspondant à la série des maximums) ne sera en réalité pas constante, mais subira une variation périodique plus ou moins courte. S'il s'agit en particulier de la vue d'une image, cette image donnera l'impression d'un tremblement.

Ce phénomène d'imagination, n'est évidement ni une vision, ni une hallucination. Mais supposons qu'au moment où une image se présente ainsi devant notre œil intérieur et passe par son maximum, nous essayons de faire un effort pour la retenir et la fixer en quelque sorte. Il arrivera de deux choses l'une : ou bien l'effort sera impuissant et n'aura d'autre effet que de hâter la disparition de l'image, ou bien au contraire il sera couronné d'effet : l'image se précisera devant les yeux comme si on la voyait réellement, puis deviendra tremblotante et s'évanouira.

Ce dernier phénomène est déjà un commencement de sortie en mental ; c'est un effort du corps mental accroché à l'idée d'un objet pour aller retrouver cet objet. Si l'effort violent que fait en ce moment le corps mental pour se détacher réussit, une rupture d'équilibre a lieu et la sortie s'effectue. Le corps mental s'extériorise, se transporte auprès de l'objet auquel on pense et l'opérateur voit nettement et distinctement cet objet comme s'il était prés de lui. En général il ne voit que l'objet ou le détail sur lequel il a porté son attention et tous les accessoires du tableau sont plus ou moins flous et indéterminés.

Ce phénomène n'exige pas que l'opérateur soit plongé dans des états spéciaux : il peut se produire en plein état de veille et même au milieu d'une conversation. L'opérateur ne perd aucunement conscience de ce qui l'entoure, mais cependant il a conscience en même temps de l'objet vers lequel il s'est transporté ; ce dédoublement tient à ce que ce n'est pas le corps mental tout entier qui est projeté au-dehors, mais seulement une partie du corps mental. À peine chez l'opérateur un instant de distraction, d'absence, peut-il être remarqué, si le phénomène se prolonge un peu, mais la durée de celui-ci est généralement instantanée. En un clin d'œil on est sorti et rentré en possession du renseignement désiré. Il importe beaucoup de ne pas confondre la sortie en mental avec la simple évocation d'un souvenir par l'imagination ; il ne faut pas s'imaginer qu'on sort en mental toutes les fois qu'on voit intérieurement l'image d'une personne ou d'un objet. Le critérium de distinction est très simple : lorsqu'il y a phénomène de mémoire, on voit l'objet tel qu'on le connaît ou lorsqu'il s'agit d'un objet inconnu, tel qu'on l'imagine. Lorsqu'il y a sortie en mental, on voit l'objet tel qu'il est réellement.

Exemple : si l'on voit une ville que l'on connaît déjà, mais que l'on y remarque des modifications, des rues nouvelles, etc,. qui n'existaient pas à l'époque où l'on habitait la ville, si l'on apprend par la suite que ces modifications sont bien réellement existantes, il n'y a pas de doutes, il y a eu sortie en mental. De même si l'on voit l'image d'un ami vêtu d'un vêtement inconnu, si l'on constate par la suite qu'il porte bien réellement ce vêtement, etc.

Si cette identification de l'image perçue et de la réalité ne peut être faite, il y a lieu de penser qu'on a vu une simple image imaginative.

Certains cas de télépathie se rattachent à la sortie en mental.

Supposons qu'un opérateur sorte en mental pour voir un de ses amis. Celui-ci sentira plus ou moins vaguement une présence auprès de lui, suivant son degré de sensitivité. S'il est très sensitif, il pourra voir son ami auprès de lui, s'il est peu sensitif, il se contentera de penser à lui.

Tel est le premier degré de la sortie en mental. C'est un phénomène généralement involontaire, la sortie peut se produire sans qu'on l'attende, ou ne pas se produire quand on la désire. C'est un phénomène instantané qui n'a que la durée d'un éclair. Enfin, c'est un phénomène qui fait bien percevoir l'objet auquel s'attachait la pensée, mais qui ne permet généralement pas de distinguer un détail particulier et d'obtenir un renseignement circonstancié. Ajoutons enfin que, pour produire ce premier degré du phénomène, point n'est besoin d'un tempérament spécial : tous les hommes y sont aptes. Au contraire les degrés supérieurs de la sortie en mental ne sont permis qu'à certains tempéraments.

À un degré plus élevé le phénomène devient plus précis et est mieux soumis au contrôle de la volonté. L'opérateur peut alors exécuter la sortie quand il le veut, pour aller dans un lieu déterminé, chercher un renseignement précis et la prolonger plus ou moins longtemps. C'est ce que nous appelons le second degré de la sortie en mental. Ce second degré est un phénomène d'ordre élevé qui exige quelques précautions.

Il faut d'abord que l'opérateur s'isole de son entourage et prenne toutes les précautions nécessaires pour n'être pas dérangé au milieu de son opération, ce qui pourrait avoir des conséquences très dangereuses. Il doit s'installer commodément dans la position assise et invoquer son guide.

En aucun cas il ne faut tenter une expérience de ce genre sans guide, ou avec un guide dont on ne soit pas sûr, c'est-à-dire qui n'appartienne pas au plan céleste. C'est là une imprudence énorme. Aussitôt que le guide répond à l'appel, on part, le transport est généralement instantané, la rapidité de déplacement du corps mental étant de beaucoup supérieure à la lumière et à la vitesse de l'électricité. Cependant on peut, si on le veut, laisser le dégagement ne se produire que par degrés. On continue à percevoir les objets de l'entourage immédiat, tout en se sentant auprès de l'objet ou de la personne vers qui on a voulu se transporter, on voit ce qu'on voulait voir, on obtient le renseignement désiré.

Pour rentrer, il suffit de cesser de vouloir la sortie, de laisser aller, et le retour s'opère avec la rapidité de l'éclair. Aucune fatigue ne se fait sentir après l'opération.

Ce second degré permet d'obtenir à distance et instantanément le renseignement que l'on désirait, mais il ne permet pas à l'opérateur de se manifester dans le lieu où il s'est transporté : il est en ce lieu un corps mental, entièrement invisible pour tous les assistants qui ne sont pas voyants sur le plan mental.

Les manifestations physiques de l'opérateur dans le lieu où il s'est transporté deviennent cependant possibles lorsque le phénomène est poussé à un degré supérieur que nous appellerons le troisième degré. Elles peuvent être obtenues elles-mêmes de deux manières. En premier lieu, le corps mental extériorisé peut appeler à lui, aspirer, vampiriser en quelque sorte, tous les autres corps invisibles de l'opérateur et s'en revêtir en laissant à sa place le corps physique devenu alors inerte. Il peut même attirer à lui le corps physique en le dématérialisant et le rematérialisant. Le corps physique disparaît complètement de l'endroit où il se trouvait, et l'individu tout entier apparaît là où son corps mental s'était porté. L'opérateur peut ainsi se transporter invisiblement d'un lieu à un autre, en passant à travers les murs et tous les obstacles matériels. C'est le transport.

En second lieu, l'opérateur laissant son corps physique et ses corps invisibles là où ils se trouvent peut se matérialiser en revêtant son corps mental de corps artificiels plus denses, obtenus en mettant à contribution un médium, un arbre, un animal ou par tout autre procédé permettant d'emprunter de la matière pour s'en fabriquer des corps. Il peut ainsi se matérialiser, suivant ses désirs et suivant ses besoins, jusqu'au kamique, jusqu'à l'astral et même jusqu'au physique. Le phénomène constituera alors une « apparition de vivant »; s'il est poussé jusqu'au dernier degré de la matérialisation ce sera une bilocation, comme celle de saint François Xavier, que nous avons rapportée plus haut. L'opérateur a alors momentanément à sa disposition deux corps différents, et il est pleinement conscient et libre d'agir dans les deux corps [48].

48. Nous avons décrit ces trois degrés de sortie en mental obtenus par un mode supérieur, c'est-à-dire à l'état de veille. Mais ils peuvent être

De l'ascèse et du guide

Les deux degrés supérieurs de la sortie en mental sont des phénomènes d'ordre supérieur qui ne peuvent être obtenus que dans certaines conditions et avec l'assistance d'un guide. Ceci nous [oblige] à dire quelques mots du guide et de l'ascèse à suivre pour avoir son assistance.

Tout d'abord l'expérience ne peut jamais être tentée que dans un but élevé et utile. Non seulement il ne faut pas la tenter dans un but mauvais, mais même dans un but de vaine curiosité. Jamais un guide du plan céleste ne se présentera pour aider à une expérience faite dans ces conditions. Mais s'il ne se présente pas et que l'opérateur insiste dans son désir, un autre guide se présente qui, lui, n'appartient pas au plan céleste ; l'imprudent qui accepte son concours et part avec lui, tombe sous son pouvoir et court les plus grands dangers.

Ce danger peut provenir simplement de l'inexpérience du guide évoqué qui est incapable de remplir sa mission. Cela arrive par exemple aux spirites qui invoquent la protection d'un désincarné. Un désincarné n'a pas évolué par le seul fait qu'il est mort et n'a pas sensiblement plus [de] développement spirituel que lorsqu'il vivait sur terre. Se faire guider par lui, c'est se faire guider par un aveugle.

---

obtenus plus facilement encore par un mode plus inférieur, c'est-à-dire pendant le sommeil. En pareil cas, le dégagement est le plus souvent involontaire.

Quand la sortie a lieu en état de veille, on se rappelle avec une netteté parfaite tous les détails de ce qu'on a vu. Au contraire, quand elle a lieu pendant le sommeil, le souvenir est plus ou moins confus ou même n'existe pas du tout. On peut faire pendant la nuit des sorties en mental sans s'en douter. Cela tient à ce que la rentrée est suivie d'une nouvelle période de sommeil qui efface le souvenir.

Ce danger peut provenir surtout de ce que l'être qui se présente pour répondre au désir de l'évocateur est un mauvais, un hostile, un adversaire. Il sait prendre des dehors séduisants pour leurrer sa victime, affectant les apparences qu'il sait lui plaire et captant sa confiance. Si l'imprudent aveuglé par son désir se laisse séduire et part avec lui, il est à sa merci. Il risque la possession, car toute sortie en corps invisible est une brèche qui permet aux invisibles de s'introduire dans la place quand celle-ci n'est pas gardée. Il devient sûrement un serviteur, un instrument ou un esclave de son guide. Et c'est ainsi que tous les magiciens imprudents, les sorciers et les goetes trouvent leur punition dans leur faute même ; ils tombent sous la domination des esprits du mal et c'est une domination terrible. C'est ce que les anciens symbolisaient par la légende du pacte passé avec Satan, où ce qu'ils exprimaient en disant que tôt ou tard le diable tord toujours le cou aux sorciers [49].

Il est donc indispensable d'avoir un guide d'ordre élevé, et pour éviter toute surprise désagréable, il est prudent de le choisir dans le plan céleste, car du plan céleste ne vient jamais autre chose que du bien et on peut avoir la confiance la plus absolue dans la direction qu'on en reçoit.

Mais comment avoir un guide et comment converser avec lui ? Faut-il être voyant ? Faut-il s'extérioriser, se livrer à des cérémonies magiques ou autres ? Point.

---

49. La nécessité d'être gardé par un gardien supérieur se fait sentir d'ailleurs non seulement pour se défendre contre les invisibles mauvais, mais aussi pour se défendre contre les hommes. L'esprit humain risque perpétuellement d'être séduit et dominé par une volonté étrangère. Un mot glissé à l'oreille d'un homme tout doucement pour ne pas éveiller son attention alors que son esprit est entièrement absorbé par autre chose et sans aucune force de résistance devient une suggestion. Certaines suggestions données pendant le sommeil, alors que l'esprit n'a aucune force pour se défendre, ont un pouvoir énorme.

Pour être guidé par le plan céleste, il suffit de chercher à avoir le cœur pur et se laisser guider. En un mot, il faut faire des efforts pour s'améliorer, travailler, suivre une ascèse [50].

L'ascèse c'est la série d'efforts et d'exercices que nous sommes obligés de faire pour arriver à nous débarrasser des passions, des mauvais instincts, des idées préconçues, des systèmes tout faits, des préjugés, des sentiments d'intolérance, etc. Tant que nous n'avons pas fait table rase de tout cela, la vérité ne peut pénétrer en nous. Un rayon de vérité entrerait-il en nous que nous le corromprions et le déformerions immédiatement en voulant le comparer avec ce que nous croyons savoir, le faire entrer dans nos catégories mentales et l'accommoder à nos désirs. C'est dans ce sens que le Christ a dit « *Heureux les pauvres en esprit* », ce qui ne signifie pas comme on l'a dit quelquefois « *Heureux les imbéciles* », mais bien « *Heureux ceux dont l'esprit n'est pas encombré d'idées fausses, de systèmes, de préjugés, aveuglés de vanité, qui sont en état de nudité, intellectuelle ou spirituelle, et qui peuvent recevoir et garder en eux la vérité* ».

Cet exercice de la table rase et de la purification intérieure se fait en développant fortement deux facultés : la volonté et la simplicité.

Le premier résultat de ce travail est généralement de faire naître dans le cerveau une quantité d'idées plus considérable qu'à l'ordinaire, mais mélangées de bonnes et de mauvaises,

50. Le mot d'ascèse vient du grec travailler, s'exercer, exercice. On a tiré le mot d'ascétisme, mais ce mot a pris un sens tout particulier qui ne correspond plus du tout à la même idée : il désigne les macérations physiques et les souffrances volontaires que s'infligent certains religieux dans l'idée d'être agréables à Dieu ou de hâter leur évolution. L'ascétisme est une aberration complète de l'esprit humain, un suicide partiel, un arrêt dans l'évolution qui va au rebours du but qu'il se propose. Le mot d'entraînement traduirait très bien s'il n'était réservé au langage sportif. C'est pourquoi nous nous servons du mot ascèse.

généralement même plus mauvaises que bonnes. Il faut trier avec soin tout ce fatras, repousser fermement toute idée qui paraît de mauvais aloi, qui scandalise, ne pas chercher à creuser d'une manière purement intellectuelle les idées qui paraissent mystérieuses et obscures ; avoir la foi paisible que la lumière se fera peu à peu, il faut s'habituer à la relativité des idées humaines, envisager ensemble les idées en apparence les plus opposées et qui ne sont que des fragments divers du vrai et surtout conserver la simplicité, une vaste tolérance et une bienveillance universelle.

Progressivement, un travail de simplification se fait dans l'esprit. La mémoire se décharge. Les systèmes humains s'effacent. Une idée ne se présente plus sous la forme que tel auteur lui a donnée et que la mémoire a enregistrée, mais sous une forme personnelle, comme coulant naturellement d'une source qu'on porte en soi.

Un instinct infaillible fait distinguer les idées fausses des idées vraies sans qu'aucune sophistique puisse l'embarrasser. On pense juste en un mot tout aussi naturellement qu'on respire et sans s'en apercevoir, seulement on a la sensation de respirer un air pur au lieu d'un air méphitique.

À ce moment on est en plein sous la direction d'un guide spirituel. C'est par lui que la lumière se fait dans l'esprit. Tout l'effort de l'ascèse consiste donc à se laisser guider, à recevoir la lumière. Pour cela il faut d'abord débarrasser le cœur et l'esprit de tous les mauvais sentiments et de tous les préjugés qui les remplissent, et attendre avec simplicité que la lumière se fasse, que la direction d'en haut vienne répondre à la droiture de nos intentions.

Il y a loin, on le voit, de cette conception du guide à celle des magiciens qui prétendent « commander aux esprits » et leur imposer des expériences ou des phénomènes qu'ils veulent réaliser. Ceux-ci seront toujours victimes de l'Adversaire.

Lorsque l'individu est arrivé dans cet état de lumière intérieure, il peut parfaitement converser avec son guide et lui demander sa direction pour une entreprise quelconque, sans être le moins du monde voyant ou médium. Car il voit sa réponse dans sa lumière intérieure. À la question qu'il pose puis-je faire ceci ? il sent très bien dans sa conscience un sentiment d'acceptation joyeuse, de décision soudaine, si le guide dit oui. Si le guide dit non, une voix intérieure répond : « *Non tu ne dois pas le faire.* »

Sortie en kamique

De même qu'il peut s'extérioriser dans son corps astral ou dans son corps mental, l'homme peut aussi s'extérioriser dans son corps kamique. Et c'est peut-être là la sortie la plus fréquente, la plus facile, celle aussi qui présente la plus prodigieuse variété d'aspects.

À la sortie en kamique inférieur, se rattachent tous les phénomènes de sorcelleries. À la sortie en kamique, se rattachent toutes les extases religieuses. À la sortie en kamique moyen, se rattachent une telle variété de faits occultes qu'il faudrait un volume pour les étudier sommairement. Le corps kamique est d'une souplesse et d'une plasticité extrême, c'est lui qui mérite le nom de médiateur plastique.

Il peut s'extérioriser complètement dans sa partie supérieure, moyenne et inférieure. La partie extériorisée reste unie par un cordon fluidique au corps abandonné, comme dans les sorties en astral ou en mental. Mais ce cordon est souple, extensible, résistant à la rupture, et le corps kamique peut s'éloigner facilement à des distances considérables.

Au lieu de sortir complètement, le corps kamique peut se contenter de lancer des prolongements fluidiques, des sortes de tentacules, analogues aux pseudopodes des amibes, pour entrer en contact avec l'invisible ou avec un autre corps kamique, etc. C'est par ce moyen que s'opèrent beaucoup de transmissions de pensées (d'impressions et de sensations pour être plus exact), et que nos désirs bons ou mauvais rayonnent autour de nous et vont influencer les autres hommes. À chaque désirs se produit un pseudopode kamique projeté dans un certain sens et imprégné d'une partie de la mentalité.

* *Larves, élémentals kama-manasiques, eggrégores*

C'est par ce processus que s'opère la génération des larves. Le pseudopode lancé par le corps kamique peut briser son lien et se détacher de lui, au lieu de revenir se fondre dans sa masse. Cette partie détachée n'est pas une grande perte, car le corps kamique se renouvelle sans cesse avec beaucoup de facilité et de rapidité, mais elle forme un désir extériorisé et objectivé qui flotte dans l'atmosphère invisible et est susceptible de s'attacher à un être humain en l'influençant dans le sens de ce désir. C'est ce qu'on appelle une larve.

À la partie kamique extériorisée et détachée peut se joindre une petite partie du corps mental, une idée. Cette idée sert d'âme à la larve et la transforme en un véritable être vivant, c'est ce que l'on nomme un élémental kama-manasique. L'élémental kama-manasique va s'attacher à l'organisme invisible de l'être vers lequel il a été projeté et le suggestionner à la façon d'un véritable esprit invisible. On pourrait comparer la manière dont il s'attache à un individu à celle de la « puce pénétrante ». L'élémental n'est porteur que d'une seule idée, ne tend qu'à la réalisation d'un seul acte, mais il influence sa victime dans ce sens, avec d'autant plus d'énergie qu'un désir plus fort lui a donné naissance.C'est surtout dans le kamique inférieur que les hommes engendrent inconsciemment de grandes quantités de larves et d'élémentals kama-manasiques. C'est par leur intermédiaire que s'opèrent toutes les contagions du vice et toutes les suggestions criminelles. Les sensitifs surtout sont leur proie, et dans certains lieux où ces larves sont accumulées en grande quantité (certains couvents par exemple ou certains lieux de débauche), ils éprouvent une perversion morale complète, irrésistible et ne peuvent recouvrer l'équilibre moral qu'au dehors.

Lorsque plusieurs personnes s'unissent dans un sentiment ou un désir collectif, toutes les portions kama-manasiques extériorisées par elles se réunissent en un seul tout et forment un élémental collectif. Suivant que la réunion est momentanée ou périodique, calme ou tumultueuse, homogène ou hétérogène, etc., l'élémental change de caractère : la partie désir (kama) ou la partie pensée (manas) prédomine en lui, il est éphémère ou il est durable, etc., mais toujours il existe. L'action occulte de ces élémentals est immense, et nécessiterait une étude spéciale. Ils deviennent l'âme de la réunion, et tous les hommes assemblés ne sont plus que les instruments et les organes de l'élémental. C'est dans leur étude que l'on peut trouver la clef de la psychologie des foules et des assemblées, l'explicaction des révolutions aussi bien que celle des phénomènes spirites (voir la théorie d'Eugène Nus sur l'être collectif). Toute foule, toute réunion, toute assemblée a son élémental collectif, et celui-ci est d'autant plus puissant sur les hommes assemblés, qu'il y a en ceux-ci plus de foi, ou d'aspiration, ou de désirs, ou de passion, etc., qu'ils sont plus ouverts les uns envers les autres. Dans une assemblée très froide où les membres sont fermés les uns aux autres, l'élémental est faible. La personnalité de chaque membre reste bien reconnaissable, mais elle est soumise à une direction générale que l'on appelle « l'esprit de corps » et qui n'est autre chose que la volonté de l'élémental. Dans une foule impulsive qui se rue à l'émeute, l'élémental est si fort, que c'est lui qui dirige tout, qui absorbe toutes les personnalités, et l'on voit les gens les plus intelligents, entraînés par la foule, agir d'une manière absurde, sous le coup d'une irrésistible suggestion.

Quand l'assemblée qui a donné naissance à l'élémental est très nombreuse, permanente et durable, dirigée par des sentiments élevés ; lorsqu'il s'agit par exemple d'une nation, d'une église, d'un grand parti politique ou autre, il arrive qu'un invisible s'incarne dans l'élémental collectif dont il se fait un corps et dont il devient l'âme. Le résultat de cette fusion est un être invisible d'une puissance formidable, qui devient le génie tutélaire de la nation ou du parti, et que l'on appelle un eggrégore.

L'eggrégore représente réellement ce que l'histoire considère comme une abstraction. Il existe par exemple un eggrégore France ou un eggrégore catholicisme, qui ont dirigé toutes les évolutions historiques de ces entités que l'on considère comme abstraites, et fait manœuvrer les millions d'hommes qui constituent leurs organes physiques.

Les luttes des hommes sur terre, les guerres, les révolutions etc., correspondent aux combats des eggrégores dans l'invisible. Là où les hommes s'imaginent être des agents actifs, ils ne sont guère que des instruments passifs. Ils le sentent d'ailleurs très bien et disent que dans tous ces grands bouleversements sociaux, les résultats ne sont dus qu'en partie aux efforts des hommes, et qu'il faut faire la part des événements, ou du hasard, ou des circonstances, ou des états d'âme de la nation, etc. Tous ces mots vagues correspondent à une réalité parfaitement précise. La volonté et la direction de l'eggrégore, qui lui, sait d'une façon parfaitement précise vers quel but il tend, quand une guerre ou une révolution commence, alors que les hommes qui en sont les instruments, n'en ont qu'une conscience très vague.

L'eggrégore est uni à tous les hommes qui en font partie par des liens fluidiques en kamique moyen. L'individu sort en kamique dans l'eggrégore et l'eggrégore pénètre en kamique dans l'individu : il y a un double courant. Plus ce courant est fort, plus les individus sont biens unis, confiants en leurs gouvernants autour desquels se concentre toute l'action de l'éggrégore, patriotes, etc., plus l'eggrégore est fort et puissant [51].

---

51. Nous sommes à même de citer comme exemple à l'appui de ces théories ce qui se passe en ce moment en Extrême-Orient dans la guerre qui met aux prises la Russie et le Japon. Dès le début des hostilités, nous avons annoncé l'écrasement de la Russie, à un moment où tout le monde croyait à son succès. Les événements ont malheureusement confirmé notre prédiction, mais il était impossible qu'il en fut autrement. Il suffisait de voir les deux eggrégores en présence pour être fixé. Du côté Russe, un vieil eggrégore affaibli uni par des liens rares et lâches à la population. Des masses opaques s'interposant entre l'eggrégore et la population (clergé, noblesse, administration) et les isolant l'un de l'autre. Pour point d'appui central un gouvernement de forme démodé, ne répondant plus aux vœux de la nation. Point de courant d'échange entre les individus et l'eggrégore. Du côté Japonais, tout le contraire : dans la population solidarité, courage, espoir, confiance, foi religieuse, foi patriotique. Un eggrégore admirablement nourri, formant un seul bloc, uni par des liens puissants et serrés à chaque individu. La situation était exactement celle d'un loup et d'un agneau mis en présence.

Cependant, un autre élément pouvait modifier la situation. Au-dessus de la Russie en effet planait le gigantesque eggrégore de l'Europe et de la Chrétienté, qui essayait de la protéger. De là certaines interventions en faveur de la Russie, dont celle-ci par sa maladresse ne sut pas profiter. Elle laissa échapper les bonnes occasions qui lui étaient offertes. Une autre branche de salut était encore offerte à la Russie. Nous sommes en mesure d'affirmer qu'il a existé à certaines époques un cliché invisible d'après lequel Radjiskvensky triomphait de la flotte de Togo. Mais un lamentable événement intérieur vint l'anéantir : un nuage de sang passa sur la Russie ; à une pacifique manifestation du peuple, le Gouvernement répondit par une fusillade impitoyable et tout espoir d'aide de l'invisible disparut. Résultat, quand vint le jour du combat, un brouillard opportun couvrit la flotte russe pour lui dissimuler l'ennemi. Le brouillard se leva

* *Sortie en kamique inférieur. Le sabbat*

À la sortie en kamique inférieur se rattachent tous les phénomènes les plus bas, les plus ignobles, les plus pervers de la magie noire, de la goëtie, de la sorcellerie.

Généralement cette sortie vous conduit tout droit dans des assemblées d'être visibles ou invisibles réunis dans les buts les plus pervers et les plus criminels, c'est ce qu'on appelle aller au sabbat. Le sabbat légendaire du moyen âge est pour nous une réalité parfaitement existante qui se développa surtout au moyen âge mais qui existe encore aujourd'hui, bien qu'infiniment plus rare.

Le sabbat doit toujours avoir lieu dans un endroit désert, écarté de toute habitation et de toute voie de communication. Il est présidé, dit la légende, par le diable en personne (disons par un génie du mal très puissant), il est composé d'esprits, de sorciers initiés et de néophytes. Les esprits qui y prennent part appartiennent à la légion des esprits du mal, mais se matérialisent, parce que tout ce qui se passe au sabbat doit avoir lieu en corps physiques.

Les sorciers et sorcières initiés se rendent au sabbat à des distances considérables au moyen de la sortie en kamique. Ils projettent leur corps kamique au lieu du sabbat, puis ils font attirer par ce corps kamique tous leurs corps invisibles et enfin leur corps physique lui-même qui est dématérialisé, transporté en astral et rematérialisé sur le lieu du sabbat, où le sorcier se retrouve tout entier. Ce corps plus ou moins complètement

au moment voulu pour permettre aux japonais qui enveloppaient la flotte russe, de voir clair et de tirer juste, le vent et le soleil furent contraires aux Russes et le combat aboutit au désastre de Tronskinsa. Aujourd'hui la Russie semble définitivement perdue, bien que l'eggrégore européen tente encore en sa faveur un dernier effort pour lui permettre au moyen d'un avantage partiel de conclure une paix honorable.

dématérialisé est donc transporté à travers l'espace en suivant le cordon fluidique qui relie le corps physique au corps kamique. C'est cette ligne lumineuse aux yeux du sensitif sur laquelle glisse le corps du sorcier, qui a vraisemblablement donné lieu à la légende du manche à balai que le sorcier enfourche pour se rendre au sabbat. Car pour le sensitif ce transport invisible des sorciers est parfaitement visible, il est même souvent perceptible pour des non sensitifs, qui entendent distinctement des bruits de voix et des cris dans l'espace : c'est ce que l'on appelle dans les campagnes la Haute chasse [52].

Enfin, les novices au sabbat y vont tout simplement à pied.

Le sabbat commence sur le coup de minuit (à la midi do lo, « *à la midi du loup* » comme on dit dans certaines campagnes) pour se terminer au champ du coq. Nous n'avons pas l'intention de donner des descriptions de ces scènes innommables, suffisamment décrites déjà par les auteurs spéciaux ; qu'il suffise de dire qu'au sabbat se signent les pactes, qu'on y adore solennellement le principe du mal et qu'on y commet tous les sacrilèges possibles et parfois des meurtres d'enfants [53].

52. À ces mêmes causes se rattachent d'autres phénomènes de hantise qui se produisent dans les campagnes et qui sont soumis aux lois de la périodicité. Voyez l'histoire du chasseur noir de la forêt de Fontainebleau dans *l'Echo du merveilleux* du 1er juin 1905.

53 On objecte contre l'existence réelle du sabbat l'histoire de Gassendi et de son sorcier. Gassendi ayant ouï parler d'un sorcier le fit venir en sa présence et lui demanda de le mener au sabbat, en le menaçant de le livrer à l'Inquisition s'il refusait. L'autre qui ne demandait pas mieux, promit et apporta un soir et apporta un pot d'une certaine pommade en recommandant à Gassendi de s'en frotter le corps : il serait aussitôt, ajoutait-il, transporté au sabbat. Gassendi feignit d'accepter mais ne toucha pas à la pommade. Le sorcier, lui, se frotta et tomba aussitôt dans un profond sommeil. Pendant toute la nuit il dormit d'un sommeil très agité sans que Gassendi le perdit de vue une minute. Au réveil, il interpella ce dernier en lui disant : « *Eh bien ! vous devez être content, du premier coup Satan vous a pris en amitié ; il vous a dit telle et telle chose…* »

Une autre forme de sortie en kamique très populaire dans les campagnes, donne lieu au phénomène que l'on appelle lycantropie ou la manifestation des loups-garous, etc.

* *Sortie en kamique moyen*

La sortie complète ou incomplète, consciente ou inconsciente du corps kamique moyen est un phénomène si fréquent, si variable dans ses effets et si vaste qu'on peut dire qu'il comprend plus de la moitié des phénomènes occultes et qu'il faudrait pour le traiter d'une manière à peu prés complète un véritable cours spécial. Nous le passerons donc complètement sous silence faute de temps, en nous bornant à en donner comme exemple les échanges invisibles que nous avons cités plus haut entre l'eggrégore national et l'individu, qui se passent sur le plan kamique moyen.

Mais avant de continuer l'étude des phénomènes occultes provoqués par l'extériorisation des corps kamiques, nous voulons faire ici une digression importante sur les impulsions du corps kamique en général et leurs conséquences.

---

et il continua sur ce ton, parlant à Gassendi comme si celui-ci était allé véritablement avec lui au Sabbat. Gassendi en conclut qu'il avait tout simplement rêvé.

Pour nous cependant, cette histoire n'est pas très démonstrative. Il y avait au moyen âge des quantités de malheureux hallucinés qui se croyaient sorciers, s'imaginaient être allés au sabbat quand ils y avaient tout simplement rêvé et se faisaient brûler en s'accusant de leurs péchés. Il se peut que « le sorcier de Gassendi » ait été de ceux-là, mais cela ne prouve pas qu'il n'existe pas de vrais sorciers. D'ailleurs, la bonne foi de Gassendi est pour nous sujette à caution, car il ne faut pas oublier que Gassendi qui professait le système de Copernic se rétracta sur une simple injonction de l'Église. Quelle sincérité attendre d'un tel homme ?

Impulsions du corps kamique - les besoins, leurs origines, leurs conséquences

Le corps kamique est le corps des désirs, de tous les désirs humains, mauvais, médiocres ou bons, il est en même temps l'instrument des jouissances correspondant à ces désirs, il contribue souvent d'une manière plus ou moins occulte à leur réalisation.

Quelles sont les conséquences que produisent sur le corps kamique le développement de la vie passionnelle ou vie du désir ? Jusqu'à quel point la satisfaction du désir est-elle légitime ?

La conscience et la raison répondent immédiatement qu'il y a intérêt pour l'homme à développer ses désirs élevés en réfrénant ses désirs inférieurs, à développer son corps kamique supérieur au détriment de son corps kamique inférieur. Sinon il tend à s'animaliser. Mais encore ne faut-il pas procéder dans cette voie par des moyens exagérés, sous peine de tomber dans des désordres plus grands que ceux que l'on veut éviter.

Les désirs inférieurs appartiennent au plan kamique et non pas au plan physique. Par conséquent ils nous suivent après la mort, pendant tout le temps que nous restons revêtus de notre corps kamique. Et ici nous devons combattre une erreur très répandue et très enseignée par certains occultistes, qui veulent qu'après la mort nous conservions tous les désirs terrestres avec l'impossibilité de les satisfaire. Il en résulterait pour ceux qui se sont abandonnés pendant l'existence terrestre à la vie sensuelle une sorte de supplice de Tantale qui serait la punition logique de leur vie. Ceux au contraire qui auraient pris l'habitude de combattre leurs passions inférieures arriveraient après la mort à se détacher complètement de toute attraction terrestre.

Cette conception ne correspond pas à la réalité des choses, pour cette raison bien simple que les désirs que nous pouvons satisfaire avec le corps physique sont des désirs purement physiques. Une fois le corps enlevé, le désir et la possibilité de sa satisfaction disparaissent ensemble. Les désirs qui nous restent alors ont leur siège dans le corps kamique et peuvent par conséquent recevoir leur satisfaction du corps kamique.

Cette conception fausse vient de ce qu'on a l'habitude d'attribuer au corps physique seul nos désirs matériels alors qu'en réalité ils appartiennent à plusieurs plans. Quand nous mangeons, nous voyons bien la partie physique des aliments qui va entretenir notre corps physique, mais nous ne voyons pas leur partie kamique qui va entretenir notre corps kamique et c'est pourquoi nous ne nous doutons pas qu'à côté de la faim physique qui se satisfait avec des aliments physiques, il y a une faim kamique qui se satisfait avec des aliments kamiques.

Un être de l'invisible ne peut reprendre des désirs physiques et les satisfaire que dans les cas de matérialisation, d'incarnation ou d'embryonnat, mais alors le phénomène est parfaitement possible. On a vu des matérialisations manger et même faire autre chose. Un esprit peut parfaitement inciter le médium qu'il possède ou qu'il embryonne à se griser et trouver du plaisir dans cette ivresse.

Tous nos corps invisibles coopèrent à la genèse et à la satisfaction d'un désir. Prenons par exemple le désir de la faim. Le désir du corps physique vient de ce que ce corps a fait des pertes et des dépenses qu'il est obligé de réparer ; ce désir se limite à une substance quelconque, qui soit propre à réparer ces pertes. Hors de cette condition, le choix de l'aliment est absolument indifférent au corps physique. C'est ainsi qu'on voit dans les hôpitaux les malades nourris à la sonde œsophagique, s'accommoder parfaitement pendant un temps très long de chocolat au lait pour toute nourriture. Grâce à la sonde, l'aliment pénètre directement dans l'estomac, le goût n'est pas affecté, le besoin du corps physique seul reçoit satisfaction et le corps physique se déclare parfaitement satisfait, parce que le chocolat au lait constitue un aliment complet. Il est cependant certain que si l'alimentation se faisait normalement on ne pourrait prolonger ce régime sans arriver à la nausée et à des troubles organiques, parce qu'alors les désirs des corps invisibles seraient contrariés par la monotonie du régime et que ceux-ci protesteraient.

Le corps astral qui correspond on s'en souvient au plan des forces, se charge de la préhension, de la salivation, de la mastication, de la déglutition, de la digestion et de l'assimilation. C'est sur ces opérations qu'il concentre ses désirs, c'est dans leur accomplissement qu'il trouve sa satisfaction. L'eau qui vous vient à la bouche devant un mets appétissant prouve un désir du corps astral, le bien-être d'une heureuse digestion prouve sa satisfaction.

Le corps kamique, lui, joue un rôle très important : il fait le choix entre les aliments qu'il aime et les aliments qu'il n'aime pas. Le sens du goût est l'organe au moyen duquel il manifeste ses désirs. Il y a certains aliments qui provoquent son désir, d'autres qui lui sont indifférents, d'autres qui lui sont désagréables. Et si on veut lui imposer ces derniers en méconnaissant complètement ses désirs, il se révolte, et sa révolte peut aller jusqu'à la nausée inclusivement. C'est le corps kamique qui est le siège et l'organe de la gourmandise.

Les désirs du corps kamique inférieur vont aux aliments de haut goût, épices, ragoûts, liqueurs alcooliques, etc., et pris en grande quantité.

Les désirs du corps kamique supérieur vont au contraire aux aliments de saveur fine et délicate et pris en quantité modérée de manière à ne point risquer de détériorer l'organisme.

Enfin le kamique supérieur manifeste encore d'autres désirs, il exige la mise en scène, il veut que la vue et les autres sens soient flattés. Une table bien mise, des cristaux brillants, de gracieuses pyramides de fruits provoquent la joie du corps kamique supérieur ; une nappe graisseuse et une assiette sale provoque sur lui un malaise.

Ce malaise sera imperceptible chez un individu matériel, c'est-à-dire ayant le kamique supérieur moins développé que le kamique inférieur ; un tel convive se trouvera bien dans n'importe quel milieu pourvu qu'il ait à manger à sa faim. Mais chez une personne ayant au contraire le corps kamique supérieur plus développé que l'inférieur (ce qu'on appelle une personne délicate) la vexation éprouvée par le corps kamique supérieur, à la vue d'une assiette malpropre pourra retentir sur l'organisme tout entier au point de « couper l'appétit » et d'empêcher le corps matériel de s'alimenter.

Le corps mental lui aussi se préoccupe beaucoup des accessoires, de la disposition de la table, de la salle, des compagnons de table, des conversations et des lectures. Chacun sait qu'il est « indigeste » de manger seul et indigeste de manger en compagnie de gens dont la conversation et la mentalité vous déplaisent.

Il n'est pas jusqu'au corps céleste qui n'intervienne quelque peu dans cet acte si matériel du repas, en désirant une certaine élévation de sentiment, un mouvement de reconnaissance envers le Créateur, etc. On se sentirait tout à fait mal à l'aise pour manger dans une société d'impurs passant leur temps à blasphémer.

Pour que la satisfaction soit complète et pour que l'acte accompli produise son maximum d'effet utile sur l'organisme, il faut donc que la satisfaction d'un désir affecte tous les corps invisibles.

Evidemment, quand il s'agit d'un besoin matériel comme la faim, la satisfaction des corps inférieurs est exigée plus impérieusement que celle des corps supérieurs qui y prennent une bien moins grande part, celle du corps physique est la plus impérieuse de toutes, et c'est pourquoi on a pris l'habitude de la considérer seule. Mais il ne faut pas oublier les autres pour cela. Il est certain que l'alimentation prolongée d'un individu avec la sonde œsophagique entraîne une révolte des corps astraux et kamiques qui se trouveraient lésés des satisfactions auxquelles ils ont légitimement droit ; que l'alimentation systématique d'un individu contre ses goûts bien marqués entraînerait la révolte du corps kamique. Et la révolte d'un des corps retentit toujours sur tout l'organisme.

Il y a là d'ailleurs à faire intervenir un facteur très variable qui est le tempérament et le degré de développement de l'individu. Chez un individu très matériel, les besoins des corps supérieurs ne se feront pas ou presque pas sentir ; si ces corps ne reçoivent aucune satisfaction, l'individu ne s'en portera pas plus mal, parce que toute sa vie est concentrée dans ses corps inférieurs et que les jouissances les plus grossières suffisent à lui donner pleine satisfaction. Mais chez un individu plus évolué les besoins des corps supérieurs deviendront au contraire tellement forts qu'ils contrebalancent les besoins inférieurs. Certains individus ne peuvent littéralement pas manger parce que leur repas est préparé d'une manière répugnante ou qu'ils sont en compagnie d'un malotru. Il résulte de ce que nous venons de dire que le fait pour un homme de donner satisfaction aux légitimes désirs de son organisme ne peut jamais constituer par lui-même un péché, quoiqu'en disent les théologiens. Il n'y a péché que lorsqu'il y a subordination du spirituel au matériel, ravalement des facultés de l'âme au profit de la satisfaction des sens. La gourmandise invétérée, c'est-à-dire le fait de « *tout sacrifier à son ventre* », comme on dit vulgairement, est un péché parce que ce défaut paralyse dans l'homme l'essor des facultés spirituelles, au profit d'une sensualité tout animale. Mais le fait de manger avec plaisir un bon repas, n'est aucunement un péché en lui-même. Non seulement c'est un devoir de manger quand on a faim, mais il n'y a aucun mal à trouver du plaisir à manger si le mets vous plaît, c'est la satisfaction d'un légitime besoin du corps kamique, et ce besoin est tout aussi digne de satisfaction que le besoin de nourriture que peut éprouver le corps physique, le besoin de science que peut éprouver le corps mental, etc.

La grande science que doit savoir observer l'homme est la science de l'équilibre. Toutes les parties constitutives de notre individu visible et invisible doivent être équilibrées et harmonisées. Cela signifie que chaque organe, chaque corps doit recevoir la pleine satisfaction de ses besoins et désirs légitimes, doit être entretenu et soigné avec attention, doit recevoir en un mot tout ce qui lui est dû, mais jamais plus que ce qui lui est dû ; au delà commence le péché et le déséquilibre. Tous nos corps et toutes nos fonctions sont hiérarchisées les uns aux autres, jamais le supérieur ne doit être sacrifié à l'inférieur sous prétexte d'augmenter le bien-être [de] celui-ci. Et si nous sommes dans une situation telle qu'un sacrifice soit nécessaire, c'est l'inférieur qui doit être sacrifié au supérieur.

Il n'y a pas péché à donner du repos à son corps qui en a besoin, il y a péché à rester paresseusement couché dans l'instant où notre prochain a besoin de secours.

Il n'y a pas péché à manger avec plaisir un bon dîner. Il y a péché à renoncer à des travaux intellectuels utiles pour s'accorder le plaisir de la table. Il y a péché à refuser le nécessaire à son prochain pour garder dans sa main un superflu réservé aux jouissances de la table.

Il n'y a pas de mal à développer la sensibilité sentimentale de notre âme, mais il y a déséquilibre si nous laissons le sentiment aveugle l'emporter sur la raison éclairée.

L'équilibre et la hiérarchie qui veut que le supérieur commande et dirige l'inférieur, que le matériel soit subordonné au spirituel, sont les lois supérieures du développement humain. L'homme peut rompre cet équilibre par deux genres de folies opposées : ou bien en sacrifiant le spirituel au matériel ou en tuant son âme (et souvent son corps par dessus le marché) pour mieux se vautrer dans les jouissances de la matière. C'est la débauche.

Ou bien en refusant systématiquement à une grande partie de son organisme, en général à tous ses corps inférieurs, la satisfaction de leurs besoins les plus légitimes, les plus pressants, au risque de détraquer à la fois toutes les parties de son organisme matérielles et spirituelles. C'est l'ascétisme. Dans ce dernier cas la nature répond aux efforts absurdes de l'ascète par une terrible réaction en sens inverse et on voit se réaliser le mot fameux de Pascal : « *Qui veut trop faire l'ange finit par faire la bête.* »

Ascétisme

L'abstinence, la continence, la privation de sommeil et les souffrances volontairement infligées au corps, constituent généralement les procédés employés par les ascètes, dans le but de se spiritualiser ou de « *vaincre la chair* ». Ces procédés sont tous prodigieusement dangereux.

L'abstinence a pour effet d'exciter violemment les désirs du corps kamique, du corps astral et du corps physique que la faim exaspère, et de produire ce qu'on appelle en médecine le « *délire stomacal* ». Elle tend aussi au déséquilibre de l'organisme, et elle y tend encore indirectement en affaiblissant le corps physique. Or c'est précisément le corps physique qui dans notre organisme fait contrepoids aux corps invisibles. C'est grâce à lui que s'élaborent les forces que les corps supérieurs et le cerveau doivent trouver à leur disposition pour se faire obéir. Si le corps défaille, le corps kamique n'a plus aucun contrepoids, les désirs les plus effrénés dominent l'organisme, l'hallucination et le délire s'en mêlent, et l'individu cesse entièrement d'avoir contrôle sur lui-même.

De la continence on peut dire exactement la même chose que de l'abstinence. Toutes les fois que l'on concentre toutes les forces de l'organisme dans le corps kamique, il arrive nécessairement que le corps kamique inférieur pullule de larves qui dévorent l'individu, le harcèlent et risque de le rendre fou. La violence des désirs engendrés par la continence, risque encore d'attirer certains êtres de l'invisible, les incubes et les succubes, qui sont infiniment plus dangereux que toutes les larves du monde.

La vie ascétique est l'apanage de quelques natures exceptionnelles, d'une puissance spirituelle considérable qui peuvent triompher de tous ces dangers et de faire de la chair le marchepied pour escalader le Ciel. Mais pour la très grande majorité des hommes, c'est une voie dangereuse qui a beaucoup plus de chance de les mener soit au déséquilibre, soit à la débauche, soit à la folie, qu'à la sainteté. Pour l'être humain le développement équilibré est infiniment préférable. Nous dirons de la virginité tant prisée du catholicisme, à peu près la même chose que de l'ascétisme. Certains mystiques considèrent la virginité comme une condition essentiellement favorable au développement spirituel, certains même comme une condition indispensable et nécessaire.

Il y a dans ces croyances un fond de vérité ; mais l'avantage offert par la virginité n'est pas absolu ; il est le fait d'un certain âge et d'une certaine condition. La virginité, l'innocence sont l'apanage de l'enfance et de l'adolescence. Exalter ces vertus revient à dire que l'état de pureté et d'innocence de l'enfant est une bonne condition pour l'évolution spirituelle, et cela est vrai, surtout au point de vue contemplatif. Mais il faut se garder de généraliser. Il ne faut pas déduire de là qu'il faut prolonger l'enfance pendant toute la durée de la vie humaine. Il est infiniment gracieux de voir jouer une fillette en jupes courtes et de l'entendre zézayer en parlant. Mais si la fillette gardait ses jupes courtes, son zézaiement et ses jeux à l'âge de trente ans, cela serait ridicule et non plus gracieux. De même, la virginité qui est l'apanage normal du jeune âge, ne l'est plus de l'âge adulte. Un moment vient, ou au lieu d'être une condition favorable à l'évolution spirituelle, elle risque de devenir une cause de gêne et un inconvénient. Et alors il n'y a plus aucune raison de préconiser cet état, alors que l'état de mariage assure au sujet un équilibre meilleur et une évolution plus facile.

Sortie en kamique supérieur

Avec la sortie en kamique supérieur nous entrons en pleine mystique. Le corps kamique supérieur est le siège de tous les désirs les plus élevés, les plus spirituels de l'être humain, et c'est dans le plan kamique supérieur que se passent à peu près tous les phénomènes mystiques, bien peu de mystiques atteignent le plan céleste.

On a voulu quelquefois définir la mystique « *l'art de communiquer avec l'invisible* » et la diviser en mystique divine, mystique humaine, mystique diabolique, suivant la nature du plan avec lequel la communication était obtenue. Mais il nous semble préférable de réserver le nom de mystique à la communication avec l'invisible supérieur. La mystique humaine n'est pas autre chose que l'hermétisme ou magie naturelle. Quant à la mystique diabolique, elle correspond à la magie proprement dite (et aussi bien la magie blanche que la magie noire).

Nous appellerons donc état mystiques, les états dans lesquels on communique avec l'invisible supérieur et particulièrement avec le plan céleste.

** États mystiques*

Les états mystiques forment une véritable graduation ascendante. Dans les premiers degrés de ces états il y a communication avec l'invisible sans extériorisation du corps kamique supérieur. Dans les degrés plus élevés il y a au contraire sortie en kamique supérieur.

Les phénomènes mystiques sont des phénomènes dont nous ne sommes pas maîtres et qui se produisent indépendamment de notre volonté. Nous ne pouvons donc pas comprendre parmi eux la méditation et le recueillement qui sont des acheminements vers les états mystiques, mais qui dépendent encore de notre volonté.

** Quiétude*

Le premier degré mystique est ce que l'on nomme la quiétude ou l'oraison de quiétude. C'est un état de bien-être particulier qui envahit le sujet, généralement pendant qu'il médite. Le monde extérieur ne disparaît pas à sa vue, mais diminue d'intensité. Une série de sensations invisibles le traverse, une émotion agréable s'empare de lui, puis un calme absolu s'empare de tout l'être. Le sujet cesse absolument de penser, toutes les idées disparaissent de son cerveau et la seule sensation qui l'emplit tout entier est la sensation indéfinissable que Dieu, ou tout au moins un être du plan céleste, est présent. Non seulement cet état ne peut jamais être provoqué par la volonté du sujet, mais si celui-ci essaye de faire le moindre effort cérébral pour s'analyser ou pour retenir ses sensations, le charme est rompu et toute sensation cesse instantanément. Il faut se laisser aller et s'abandonner passivement [54].

**Transport*

Le transport ou oraison de transport, qui peut être considéré comme le second degré mystique, peut se produire, soit spontanément, soit à la suite de l'état de quiétude. Le sujet éprouve une émotion particulière qui souvent fait couler ses larmes ; il a la sensation nette de la présence de l'invisible supérieur qui l'enveloppe et l'attire à lui et il sent dans son cœur un mouvement d'amour ardent, un élan de toute l'âme pour se précipiter au devant de cet inconnu que l'analyse intellectuelle dit être Dieu, mais que le cœur ne définit pas. Ce mouvement violent de l'âme, qui ne dure que quelques minutes, laisse une impression à tout jamais ineffaçable sur celui qui l'a ressentie une fois, et amène souvent avec lui la transfiguration.

---

54. Il ne faut pas confondre la quiétude, état mystique, avec le quiétisme, système religieux défendu notamment par Fénelon et Madame Guyon et condamné à Rome. Le quiétisme consiste essentiellement à croire que Dieu étant infiniment grand et puissant, et l'homme infiniment faible, tout effort humain est inutile, que l'homme doit attendre que les événements s'arrangent d'eux-mêmes et se croiser les bras sur la poitrine en attendant que Dieu les décroise et les fasse agir. À notre avis le quiétisme est le contre-pied de la vérité que résume le vers célèbre de La Fontaine : « *Aide-toi, le Ciel t'aidera.* » Dieu a laissé à l'homme une liberté entière pour le bien et pour le mal, il lui offre sans cesse son aide, mais il n'agit jamais à sa place et n'accomplit jamais la tâche assignée à l'homme. Or pour que l'homme puisse profiter de l'aide, encore faut-il qu'il agisse. Pour que la moisson pousse, soit bénie, il faut commencer par la semer, sinon l'aide providentielle ne rencontrera aucune base sur laquelle s'exercer et sera perdue.

* *Union*

Au-dessus encore du transport vient l'union ou oraison d'union, que l'on peut considérer comme le plus supérieur des état mystiques inférieurs. L'union fait ressentir à l'âme une joie et une paix plus profonde encore que la quiétude. En même temps l'âme éprouve la sensation non plus vague, mais claire et précise, de la présence de Dieu en elle. Elle se sent littéralement adombrée ou embryonnée par Dieu, et peut dire avec Saint Paul « *Ce n'est plus moi qui parle, c'est le Christ qui vit en mo*i ». Le monde extérieur disparaît alors presque complètement, l'âme s'abîme dans une joie supra-terrestre, et dans cet état elle acquiert des notions nouvelles (ce qui n'avait pas eu lieu dans les états précédents), elle sait des choses qu'elle ne s'avait pas auparavant.

L'état d'union peut durer plusieurs heures et même plusieurs jours, on a pendant ce temps la sensation de converser avec Dieu. Quand il se dissipe, il laisse l'âme dans un état de mélancolie mitigée d'espoir. Mais à dater de ce moment on ne croit plus à rien, parce qu'on sait tout. On ne risque plus de « *perdre la foi* » parce qu'on a tout vu et qu'on possède une certitude, une connaissance de la vérité inébranlable.

Au-delà de l'union commence les états que nous pouvons appeler supérieurs.

* *Extase*

L'extase se caractérise par la perte absolue de la vie de relation. Le monde extérieur n'existe plus pour l'extatique. Il ne voit pas, il n'entend pas, il n'a pas conscience de ce qui se passe autour de lui. L'extatique a aussi le sentiment de la présence de Dieu, mais il n'a pas ce sentiment d'union caractéristique de l'état précédent. Il reçoit une grande quantité de communications, et revenu à son état ordinaire, il s'en rappelle parfaitement. Certains auteurs disent que l'extatique ne se rappelle de rien en revenant à son état normal, il faut entendre par là qu'il ne se rappelle de rien de ce qui s'est passé sur le plan physique pendant son extase, et il ne s'en rappelle pas pour la bonne raison qu'il ne l'a pas perçu. Mais il se rappelle parfaitement au contraire de tout ce qui était relatif à son extase. Pendant la durée de son extase, qui est souvent longue (rarement moins d'une demi-heure et parfois plusieurs heures), l'extatique ne reste généralement pas tout à fait immobile, mais se déplace plus ou moins et prend des poses très gracieuses [55].

* *Ravissement*

Avec le degré supérieur à l'extase nous arrivons enfin à la sortie en kamique supérieur. Cette sortie se nomme dans la terminologie mystique : le ravissement.

Le ravissement ne se confond pas avec l'extase quoiqu'en disent certains auteurs. La sortie se fait brusquement alors que le sujet ne s'attend à rien, qu'il est au milieu de ses occupations, le sujet est soudainement enlevé et enlevé dans toute la force du terme, car le phénomène s'accompagne quelquefois de lévitation.

Non seulement le phénomène est entièrement involontaire mais encore il est absolument impossible d'y résister. On peut résister à la quiétude et au transport ; il est déjà très difficile de résister à l'extase, mais absolument impossible de résister au ravissement. On est « *ravi hors de son corps* », le corps kamique

55 . Il faut bien se garder de confondre l'extase mystique avec l'extase magnétique décrite par tous les anciens magnétiseurs, et qui est d'un ordre beaucoup moins élevé. De plus, l'extase mystique ne fait jamais courir aucun risque au sujet tandis qu'il peut y avoir péril à laisser l'extase magnétique se prolonger plus de quelques minutes.

supérieur et l'âme sont extraits des corps inférieurs et emportés par une force supérieure irrésistible. Il sont emportés dans le plan kamique supérieur qui est le véritable plan des extatiques, car il constitue, comme nous l'avons vu, un reflet du plan céleste. Tous les phénomènes mystiques se passent dans ce plan ; dans ce plan l'âme peut recevoir des communications incessantes du plan céleste, voir les messagers célestes qui l'entourent, causer avec eux. Elle peut même arriver à ce summum mystique si rarement atteint par des êtres exceptionnels, que l'on appelle la vision béatifique et qui consiste à voir Dieu [56]. À proprement parler, la vision béatifique véritable se passe dans le plan céleste, mais il est possible dans le plan kamique supérieur, d'éprouver comme une vision béatifique atténuée, analogue dans ses effets et moindre en intensité seulement, et d'en ressentir les joies indicibles et supra-humaines.

Sortie en céleste

Enfin le mode le plus élevé de pénétration dans l'invisible qui soit donné à l'homme d'accomplir, c'est la sortie en corps céleste. Ce phénomène est d'une rareté extrême. On pourrait trouver dans l'Ancien Testament quelques cas de sortie céleste dont les auteurs furent des prophètes hébreux. Mais à notre avis, depuis la venue du Christ, aucun des saints et des plus grands mystiques n'a atteint consciemment de son vivant le plan céleste. Saint Paul et sainte Thérèse seuls arrivèrent aux confins

56 . Voir Dieu est une expression synthétique empruntée au symbolisme de nos sens matériels mais qu'il ne faut pas prendre au pied de la lettre. La vision n'a rien à voir ici. Ce serait plutôt une perception absolue par l'essence même de l'âme, une fusion, une union. C'est la plus infinie sensation de bonheur à laquelle puisse arriver l'être humain et c'est une sensation qui défie toute analyse et toute description.

extrêmes du plan mental et purent entrevoir vaguement le plan céleste, mais il semble fort douteux qu'ils y aient pénétré.

Quand le phénomène de la sortie céleste se produit, il s'effectue toujours suivant le même mécanisme. Il commence par une sortie en mental, puis l'âme et le corps céleste sont emportés dans le plan céleste par ravissement, tandis que le corps mental, bien et dûment gardé demeure dans le plan mental, car de nos propres forces nous ne pouvons jamais atteindre le plan céleste. C'est un esprit du plan céleste qui vient nous extraire ainsi de notre corps mental et nous conduire dans le plan céleste. Puis ensuite le corps céleste et l'âme sont réintégrés dans le corps mental, et celui-ci dans le corps dont il s'était séparé.

Il est cependant une espèce de sortie en céleste qui est fréquente et même très fréquente puisqu'on peut affirmer que tout homme l'effectue plusieurs fois pendant son existence, mais qui est extrêmement difficile à constater, parce que, à la différence des autres sorties que nous venons de décrire, elle ne laisse au sujet absolument aucune espèce de souvenir, et que celui-ci une fois réintégré dans son corps en demeure totalement inconscient. Cette sortie est accordée à l'âme humaine pour lui permettre d'aller de temps en temps se retremper dans le plan céleste. Elle a lieu pendant le sommeil, alors que le corps est plongé dans un sommeil extrêmement profond, un sommeil de plomb dont il serait très difficile de faire sortir le sujet si on voulait faire des efforts pour le réveiller. La sortie s'effectue suivant le processus habituel, et l'âme est amenée jusqu'au plan céleste où elle comparait devant le Christ. Une sorte d'inventaire de toutes les bonnes actions par elle commises est alors dressé, et tout le bien qu'elle a à son actif est mis de côté : c'est là ce « *trésor dans le ciel* » dont le Christ nous parlait, ce qu'on a appelé aussi « *le trésor de grâces* », expression très juste, car c'est bien un véritable trésor que nous nous amassons ainsi dans le Ciel, et c'est la monnaie courante avec laquelle tout se paye dans l'invisible. Plus nous sommes riches plus nous sommes puissants, dans le Ciel comme sur terre et c'est avec le trésor de grâce que nous pouvons arriver à la réalisation de nos désirs ou de nos vœux, soit pour nous, soit pour les autres, dans les choses spirituelles naturellement.

Tout le bien fait par l'âme, quelque minime qu'il soit, est ainsi ajouté et déposé au trésor de grâces, l'âme du plus grand criminel peut monter ainsi jusqu'au plan céleste, n'aurait-elle à son actif qu'un mouvement de compassion envers un camarade arrêté par la police. Quant au mal, il est systématiquement ignoré dans le plan céleste. Le bien appartient à Dieu, le mal appartient à l'Adversaire. L'Adversaire a le droit et le pouvoir de nous accuser, mais Dieu ne nous accuse jamais. La conception des théologiens qui le représentent comme un juge terrible qui écrase le pécheur sous le poids de ses fautes pour le précipiter ensuite dans l'Enfer est une conception de sauvages, et représente Dieu pire que le Diable. La vérité c'est que lorsque l'âme humaine comparait devant Dieu, celui-ci tient compte de tout ce qu'elle a fait de bien et ignore tout ce qu'elle a fait de mal. Et il ne faudrait pas croire que la proclamation de cette vérité risque d'énerver la morale, comme le disent certains théologiens, et d'encourager le mal en faisant disparaître toute sanction. La sanction par excellence, c'est que le mal retarde ou arrête notre évolution vers Dieu, et par conséquent retarde ou empêche notre bonheur. Et de plus, sur terre nous sommes soumis aux lois naturelles, qui sont fatales et inexorables et font retomber impitoyablement sur nos têtes tout le mal dont nous sommes les auteurs ; nous sommes exposés aux attaques de notre ennemi, l'Adversaire, et nous nous livrons à lui pieds et poings liés, chaque fois que nous sortons de la voie de Dieu pour faire le mal. Mais si ce sont là des conséquences de nos propres désordres, il ne faut pas en faire remonter la responsabilité à Dieu qui n'a jamais voulu et ne veut jamais que notre bien, et dont l'effort constant est pour nous appeler à lui et pour nous aider dans notre pénible évolution, autant que nous consentons à nous laisser aider, mais jamais ni pour nous accuser, ni pour nous punir.

L'âme revêtue du corps céleste qui comparait devant Dieu est d'ailleurs toujours pure, puisque rien ne peut souiller le corps céleste. Le corps céleste d'un criminel est aussi pur que celui d'un saint et toute la différence qui existe entre le saint et le criminel se trouve dans les autres corps, dans le corps kamique surtout.

Une fois cet examen des acquis de l'âme humaine subi, l'âme se sent encouragée plus énergiquement au bien ; elle a une vue plus nette de ses égarements qu'elle déplore ; elle prend le ferme engagement de faire mieux à l'avenir ; elle reçoit les conseils et les exhortations des esprits du plan céleste et souvent convient avec eux d'une ligne de conduite à suivre. Puis elle est réintégrée dans son corps mental et de là dans son corps physique. Le lendemain, au réveil, aucun souvenir ne lui reste de sa visite dans le monde de lumière, mais une impression en subsiste. L'individu s'éveille avec une sensation d'allégement moral, de fraîcheur de sentiments oubliés, avec une vue claire et une sincère horreur du mal, une envie de faire mieux. Mais tout cela n'est plus qu'une tendance imprécise, et aussitôt revient la tentation. Dès que l'individu est dans son corps physique, il appartient à la création, il est soumis à l'Adversaire, sous le joug duquel lui-même s'est placé et celui-ci ne manque pas d'attaquer aussitôt toutes les bonnes résolutions que l'âme rapporte du plan divin, par les moyens en son pouvoir, orgueil, illusions de l'esprit, égoïsme, peur, etc.

Rien malheureusement n'est plus facile que de tromper et illusionner l'homme pour lui faire perdre en un instant le fruit de ses bonnes résolutions. Et parmi toutes les armes dont l'Adversaire se sert contre nous, une de celles qui ont donné les meilleurs résultats, c'est sans contredit la peur. L'homme qui a peur n'est plus un homme raisonnable, mais un animal affolé, capable de toutes les sottises et de tous les crimes. Longtemps la peur de l'enfer, exploitée par la religion, a tenu l'humanité dans un véritable abêtissement. Il faut secouer tous ces cauchemars et habituer l'homme en face du danger, à ne pas se troubler. Contre un homme qui n'a pas peur, l'Adversaire est désarmé. Et le meilleur moyen d'éviter la peur, et d'avoir en Dieu une confiance absolue, une foi totale, et de se dire : « *Quel que soit le malheur qui me menace, si Dieu ne le veut pas, je sais que cela n'arrivera pas.* » Avec ce sentiment on ne pourra sans doute échapper au frisson tout humain de l'angoisse (le Christ lui-même a eu des sueurs de sang au jardin des oliviers), mais on pourra éviter la peur qui déprime l'âme, et si l'on pratique cet exercice journellement on en sentira vite les effets et les conséquences.

VIII

DES VISIONS

Pour terminer notre étude sur les relations de l'homme avec l'invisible, nous avons à dire quelques mots des visions en général, phénomène d'ordre très général et qui tient tantôt à la pénétration de l'homme dans le plan invisible, tantôt à la pénétration de l'invisible sur le plan physique, tantôt aux deux causes à la fois.

Les théologiens divisent ordinairement les visions en trois groupes :

- vision corporelle,
- vision imaginaire,
- vision intellectuelle.

Vision imaginaire

La vision imaginaire se compose d'images purement subjectives. Les médiums disent que ces images n'existent pas et rangent le phénomène dans les hallucinations. En réalité l'image existe parfaitement, mais sur un autre plan que le physique. L'image est perçue aussi bien les yeux fermés que les yeux ouverts ou même mieux. Il ne faut pas confondre ces images avec les simples images de mémoire qui leur ressemblent un peu, mais en différent sur bien des points. Les images de mémoire sont généralement moins nettes: elles restent dans l'esprit aussi longtemps que celui-ci reste fixé sur la même idée, et s'évanouissent pour céder la place à une autre aussitôt que l'on évoque une nouvelle idée. La vision imaginaire au contraire vient et disparaît indépendamment de notre volonté; elle a ses mouvements propres et lorsqu'on fait un effort pour la retenir devant les yeux, cet effort n'a d'autre résultat, généralement, que de les faire disparaître plus vite. L'image vient inopinément, on s'aperçoit tout à coup qu'on voit quelque chose qui devait bien auparavant être là tout près, mais qu'on ne voyait pas. Et cette image passe généralement devant les yeux, comme une vue de lanterne magique, venant d'un côté, disparaissant d'un autre, et durant en général peu de temps. Enfin, ce qui achève de différencier cette vision des images mentales c'est qu'elle vous montre souvent des choses entièrement inconnues.

Vision corporelle

La vision corporelle est au contraire une vision objective perçue avec les yeux physiques. Il est donc impropre d'appeler ce phénomène une vision, alors que c'est simplement la vue normale d'une matérialisation. On peut, si l'on veut restreindre le sens du mot: nous pourrons désigner par cette appellation ces semi-matérialisations qu'on peut voir et non toucher. Le plus généralement, ces apparitions visibles mais non tangibles se composent d'un tourbillon astral, qui entraîne avec lui un tourbillon de matière éthérée et en fait une forme, dont un esprit peut se revêtir. Ces sortes d'apparitions sont fort dangereuses, car l'éther produit des effets très analogues à l'électricité, et si on veut les toucher on peut être foudroyé net. On en trouve quelques exemples dans certains cas de maisons hantées. On trouve des exemples de ces phénomènes dans les récits bibliques du buisson ardent et ceux relatifs à l'Arche sainte que les Philistins avaient déposée près d'une statue de Dragon. Le lendemain ils trouvaient Dragon renversé ; ils transportaient l'Arche en un autre point de la ville, et partout sur son passage elle causait de nouveaux malheurs. C'est que l'Arche était le centre d'une force terrible, magique, produite précisément par un tourbillon astro-éthérique de ce genre, force que la crédulité des Juifs attribuait à Jehovah [57].

Vision intellectuelle

Enfin, la vision intellectuelle est de toutes les espèces de visions celles que prisent le plus les mystiques. C'est une lumière intellectuelle subite qui illumine tout à coup l'esprit, sans que l'on sache d'où elle vient, et qui fait que l'on sait tout à coup ce que l'on ne savait pas un instant auparavant. Cette sorte de vision comporte beaucoup de degrés. Le degré le plus inférieur est l'intuition pure et simple, vague et non formulée. Un degré plus élevé constitue l'inspiration. C'est un flot d'idées qui se précipitent à la fois dans le cerveau en si grande abondance qu'on ne peut jamais arriver à les noter toutes. L'inspiration est due souvent à l'action d'un guide. Enfin, le degré suprême de la vision intellectuelle, c'est la révélation. En une seconde, en une fraction de seconde, l'esprit perçoit une quantité d'idées, de notions, de connaissances qui lui étaient

57. Un certain nombre de faits occultes sont dus à des phénomènes de cet ordre. Telle l'histoire de cette religieuse qui apparaît à une de ses compagnes pour lui annoncer qu'elle est en purgatoire et qui posant la main sur la porte brûle le bois. Telle l'apparition qu'eut l'abbé Fournier et qui lui causa une douleur extrême au dire de Saint-Martin dans sa correspondance, etc.

parfaitement étrangères l'instant d'avant, qui se présentent avec une clarté, une netteté remarquable, et qui une fois rédigées tiendront souvent plusieurs centaines de pages.

Assez souvent la vision intellectuelle est une réponse à une prière ; réponse soit immédiate, soit tardive, formulée parfois à plusieurs années d'intervalle.

Dans une vision on peut avoir un grand nombre de révélations particulières concernant le passé, le présent ou l'avenir. S'il s'agit d'événements présents, la vision nous montre des faits qui se passent loin de nous, et le phénomène s'appelle alors double vue ou télépathie. On réserve le nom de double vue au phénomène, lorsqu'il n'y a pas de lien entre la scène perçue et le voyant qui la perçoit, lorsque cette scène ne l'intéresse pas ou ne le touche pas directement.

Lorsqu'un semblable lien existe, au contraire, et que l'événement est de nature à intéresser le percipient directement ou indirectement, on le nomme télépathie. En général les phénomènes de télépathie sont dus à ce qu'une personne liée au percipient, par des liens de famille ou d'affection, prend une part directe à la scène perçue [58].

Des prophéties

De toutes les visions, celles qui paraissent généralement les plus intéressantes aux hommes sont les visions de l'avenir ou prophéties.

58. Les « psychistes modernes », Flammarion, Myers, Podisson, etc. veulent que la télépathie soit toujours une communication occulte entre deux personnes vivantes, l'une nommée l'agent de transmission qui participe à un certain événement, et l'autre appelée le percipient qui reçoit une impression relative à cet événement. En réalité, il n'en est pas toujours ainsi, et l'agent n'est pas nécessairement vivant ainsi que le croient ces auteurs : le phénomène peut même se produire longtemps après sa mort.

Les phénomènes de prophétie et de prémonition que l'expérience démontre avoir une incontestable réalité provoquent toujours, à priori, dans l'esprit humain deux questions qui embarrassent bien des individus : existe-t-il donc une fatalité absolue ? Et comment peut-on voir des événements qui n'existent pas encore ? Ces deux questions tiennent à la méconnaissance de la manière dont les événements s'accomplissent.

Tout événement que nous voyons s'accomplir dans le monde, obéit à la grande loi naturelle : le visible n'est que la manifestation de l'invisible. L'événement ne s'engendre pas lui-même : il est la résultante d'une série de causes. Les causes lointaines de sa formation peuvent être de sources diverses : volonté humaine, volonté divine, enchaînement de lois naturelles, etc., mais toujours les causes immédiates de son accomplissement viennent du plan invisible de l'astral. En d'autres termes, les causes déterminantes de l'événement déterminent d'abord sa réalisation sur le plan invisible. Cette réalisation est ce que les occultistes appellent un cliché. Et la réalisation proprement dite n'est pas autre chose que la matérialisation du cliché, dont les parties constitutives entrent en contact avec le monde matériel et orientent la matière de manière à entraîner une nouvelle reproduction de l'événement sur le plan physique, absolument calquée sur sa réalisation première dans l'invisible.

La réalisation sur le plan physique ne se produit qu'un certain temps (parfois fort long) après la réalisation sur le plan invisible. C'est là une conséquence de cette loi naturelle que lorsqu'une force est appliquée à la matière inerte, il s'écoule toujours un certain temps entre l'instant où la force est appliquée et l'instant où le phénomène se produit, où la matière entre en mouvement sous la sollicitation de la force. Les marées se produisent après le passage de l'astre au zénith ; la plus forte chaleur du jour se produit après le passage du soleil au méridien, la plus forte chaleur de l'année après le solstice d'été ;

l'aimantation du noyau d'acier d'un électro-aimant se produit après la fermeture du courant, etc. Ce phénomène de retard se nomme en physique l'hystérésis. Or, c'est à ce phénomène d'hystérésis qu'est due la possibilité de la prophétie. Le voyant voit le cliché, et par conséquent voit bien l'événement au moment où il s'accomplit, il peut dès lors annoncer que dans l'avenir un cliché se réalisera sur terre.

Et la possibilité de la prophétie ne suppose en aucune façon, comme le veulent certains esprits, un déterminisme rigoureux dans l'univers. La détermination de l'événement, c'est-à-dire son accomplissement sur le plan invisible, reste parfaitement libre et n'est soumis à aucun mécanisme fatal. Il peut être dû, par exemple, à l'exercice de la liberté humaine : une bonne action crée un bon cliché dans l'invisible, une mauvaise action crée un mauvais cliché. S'il y a déterminisme rigoureux, ce ne peut être que dans la matérialisation du cliché formé. Or, même là, il n'y a pas de déterminisme absolu.

Un cliché formé dans l'invisible se réalise généralement, mais ne se réalise pas nécessairement. Un cause étrangère peut modifier ou briser le cliché avant son accomplissement matériel, et bien entendu en ce cas la prophétie ne se réalise pas. Le prophète rencontre d'ailleurs sur sa route de si nombreux obstacles que les prophéties de quelque valeur sont bien rares.

Une première cause d'erreur, c'est que le prophète ne sait pas toujours interpréter les images qui passent devant ses yeux, ou ne sait pas les classer dans le temps. Et ceci est vrai plutôt du voyant qui ne pénètre que dans les couches inférieures de l'astral, que du prophète. Souvent le voyant prend les reflets du passé pour les clichés de l'avenir, et c'est ainsi que l'incendie de Paris sous la Commune, enregistré dans l'astral, nous vaut quotidiennement de sinistres prophéties.

Puis le voyant risque encore de voir ses propres idées, ses propres passions, ses propres désirs sans s'en douter, il risque d'être influencé par des suggestions extérieures, volontaires ou involontaires. Nous ne parlons que pour mémoire des fraudes inconscientes et des fraudes voulues, si fréquentes en matière de prophéties religieuses.

Le vrai prophète est l'individu qui n'a pas cherché à devenir prophète, mais qui a toujours travaillé à purifier et spiritualiser son âme, à se dépouiller de ses passions, à faire son esprit simple et docile, comme celui d'un petit enfant, et qui se trouve un jour soudainement illuminé par le rayonnement du Saint-Esprit, qui lui montre ce qu'il doit voir et lui fait savoir ce qu'il doit connaître sans danger d'illusion ni d'erreur.

TABLE

IV. DES DIFFÉRENTS CORPS DE L'HOMME

V. DE L'ÂME ET DU PÉCHÉ

VI. DES RELATIONS DE L'HOMME AVEC LE MONDE INVISIBLE - PÉNÉTRATION DE L'INVISIBLE SUR LE PLAN PHYSIQUE

VII. PÉNÉTRATION DE L'HOMME DANS L'INVISIBLE

VIII DES VISIONS

Impression Numérique par France Quercy - Cahors
N° d'impression : 12968 - Dépôt légal : décembre 2001